GOLDMANN
Lesen erleben

Buch

Kommen Sie mit Ihrer Karriere nicht voran? Möchten Sie frischen Wind in Ihre Beziehung bringen? Sind Sie eher fett als fit? Dann fangen Sie an, etwas zu tun! Sie wissen genau, dass eine ordentliche Mütze Schlaf mehr Lebensenergie bringt, trotzdem sehen Sie sich zum x-ten Mal alle Staffeln »Desperate Housewives« an. Sie könnten Ihre To-do-Liste in der Hälfte der Zeit abarbeiten, stattdessen stellen Sie Ihrem Expartner auf Facebook nach. So wird das nichts!

Was Sie also brauchen, ist ein richtiger Tritt in den Allerwertesten! Wenn Sie die Nase selbst voll haben von Wischiwaschi-Weichei-Selbsthilfe-Ausreden, ist hier die Alternative. Wenn Sie diese idiotensicheren Anweisungen befolgen, werden Sie sich (wahrscheinlich) über Nacht von einer einsamen, jämmerlichen und unterwürfigen Fußmatte, die sich permanent von den Ungerechtigkeiten des Lebens ärgern lässt, in einen echten Superhelden verwandeln. Dieses Buch bietet jedenfalls alle nützlichen Lektionen dazu.

Autor

Matthew Kimberley wurde in Großbritannien geboren und reiste durch die Welt, bis er schließlich in Malta landete, wo er bleiben wird, bis sich etwas anderes ergibt. Der interessanteste Teil seiner Biografie kann leider nicht veröffentlicht werden, weil er eine Schweigevereinbarung mit der britischen Regierung getroffen hat. Trotzdem erfreut sich sein Internetblog größter Beliebtheit.

www.howtogetagrip.com

Matthew Kimberley

KRIEG ENDLICH DEN ARSCH HOCH!

SO LÄUFT DEIN LEBEN RUND

Aus dem Englischen von Christina Jacobs

GOLDMANN

FSC
www.fsc.org
MIX
Papier aus verantwortungsvollen Quellen
FSC® C014496

Verlagsgruppe Random House FSC-DEU-0100
Das für dieses Buch verwendete FSC®-zertifizierte Papier *Classic 95*
liefert Stora Enso, Finnland.

1. Auflage
Deutsche Erstausgabe Januar 2013

Originaltitel: How to Get a Grip
Originalverlag: AdLib, ein Imprint von John Blake Publishing Ltd, London
Umschlaggestaltung: Uno Werbeagentur, München
Umschlagillustration: FinePic®, München
Redaktion: Kerstin Uhl
Satz: Uhl + Massopust, Aalen
Druck und Bindung: GGP Media GmbH, Pößneck
CB · Herstellung: IH
Printed in Germany
ISBN 978-3-442-17342-6

www.goldmann-verlag.de

għal Sam
m'għandekx idea kemm inħobbok

INHALT

VORWORT

Mögen alle Ihre Lebensentscheidungen so klug sein wie die, dieses Buch zu kaufen.

Es gibt Zeiten im Leben, da laufen die Dinge so richtig mies. Einige trifft es zwar schlimmer als andere, doch egal wer Sie sind und was Sie tun, Sie können das nicht verhindern. Es ist allein der Umgang mit dieser Plage, der Sie von anderen Menschen unterscheidet. Auch wenn Sie vielleicht denken, dass Sie keine Möglichkeit haben, die Dinge zu verändern und dafür zu sorgen, dass alles etwas weniger mies läuft, dem ist nicht so. Sie haben alles, was Sie dazu brauchen, und wissen alles, was Sie dafür wissen müssen. Im Grunde brauchen Sie dieses Buch gar nicht.

Sie haben vielleicht schon eine Menge Ratgeber gelesen (wenn nicht – keine Sorge – dann werden Sie die nach der Lektüre dieses Buches auch nicht mehr brauchen). Einige Ratschläge daraus haben unter Umständen bis zu einem gewissen Grad oder zumindest für kurze Zeit auch funktioniert, aber das meiste hat wahrscheinlich überhaupt nichts bewirkt. Keines dieser Selbsthilfebücher hat Sie in den Augen des anderen Geschlechts wirklich attraktiver, aus Ihnen tatsächlich einen beliebteren Gesprächspartner oder gar einen olympiareifen Speerwerfer gemacht. Allenfalls haben sie bei Ihnen für einen vorübergehenden Motivationsschub gesorgt, ehe Sie wieder in Ihr trauriges Dasein zurückfielen, das von Massen an ungewaschener Unterwäsche, strapazierten Finanzen und ewiger Unzufriedenheit geprägt ist.

Bücher, die versprechen, Ihr Leben verbessern zu können, gibt es schon seit Jahrzehnten. Sie sind so konzipiert, dass sie an Ihre Unsicherheiten appellieren – jene nervigen und hartnäckigen Stimmen, die Ihnen weismachen wollen, dass Sie nicht gut, reich, dünn und stark genug sind oder zu wenig Selbstvertrauen haben.

Zugegeben, viele der früheren Werke waren auch ganz gut. Etliche der vor 80 oder 90 Jahren geschriebenen Bücher besitzen heute immer noch Gültigkeit, mit ihren altbewährten Weisheiten wie »Behandle Menschen gut, und du wirst feststellen, dass sie eher geneigt sind, dir ihren Rasenmäher auszuleihen« oder

»Wenn du reich werden willst, musst du mehr Geld ansparen, als du ausgibst, und darfst dir keine drei Kreditkarten zulegen.« Doch im Laufe der letzten Jahrzehnte ist mit der Selbsthilfeliteratur etwas Eigenartiges passiert: etwas Unerklärliches und Unheimliches. Viele dieser Bücher erwecken den Anschein, dass Engel heutzutage einen gewissen, wenn nicht den entscheidenden Anteil an Ihrem allgemeinen Wohlbefinden haben und dass es Geheimnisse gibt, die zwar nur Eingeweihte kennen, die diese für 9,99 Euro aber gern mit Ihnen teilen. Wenn Sie die Kraft der Kristalle und Chakren, die positive Manifestation und die Beschwörungsformeln alter Stämme sowie andere magische Kräfte ignorieren, so tun Sie das auf eigene Gefahr. Es scheint, dass es für nichts mehr eine einfache Erklärung gibt. Sie müssen im perfekten Einklang mit den Kräften des Universums leben, sonst vergeuden Sie nur Ihre Zeit. Falls Sie das glauben.

Falls nicht, wissen Sie bereits alles, was Sie über das Leben wissen müssen. Es gibt eine Menge Dinge, mit denen Sie sich gar nicht zu beschäftigen brauchen, und die Antworten auf die wirklich wichtigen Fragen kennen Sie bereits. Diese Antworten sind lediglich tief in Ihrem Unterbewusstsein vergraben, unter den Antworten auf Fragen wie die, ob Sie daran gedacht haben, die Hähnchenbrust für das Abendessen aufzutauen, oder ob Sie Ihre Parklizenz rechtzeitig verlängert haben. Wenn Sie ehrlich zu sich selbst sind, wird Ihnen klar werden, dass Sie längst wissen, was Sie tun müssen, um reicher, schlanker, besser im Bett, weniger tumb, unterhaltsamer, weniger raubeinig, fürsorglicher oder weniger empfindlich zu sein. Sie wissen, was Sie tun müssen, um mehr Sex zu haben, mehr Zeit mit Ihren Kindern zu verbringen oder sich gesünder zu ernähren.

Trotzdem haben Sie bisher Ihre Zeit damit vergeudet, nach dem »Sinn des Lebens« zu suchen.

Es gibt keinen Sinn. Das Leben ist, was es ist.

Aber auch das wussten Sie schon, oder?

Gleichwohl sind manche Dinge bedeutsamer als andere. Man muss eben Prioritäten setzen. Was für Sie persönlich bedeutsam ist, das bestimmen immer noch Sie selbst. Sie wissen bereits genau, was für Sie wichtig ist – und was nicht.

Wenn man das Leben wirklich genießen will, darf man es vor allem nicht so ernst nehmen, und man sollte aufhören, sich selbst fertigzumachen. Darum geht es in diesem Buch: Dass Sie die wirklich wichtigen Dinge erkennen, sich von den nicht so wichtigen frei machen und dass Sie sich und Ihr Leben nicht so verdammt ernst nehmen. Wenn Sie das erst einmal getan haben, werden Sie feststellen, dass es Ihnen leichter fällt, glücklich zu sein. Und das wollen Sie doch, oder? Sie wollen in völlige Ekstase geraten. Sie wollen jeden Morgen mit einem geradezu orgastischen Gefühl aufwachen, weil Sie genau wissen, dass Ihr Tag erfüllt sein wird, voll von tollen Erlebnissen, Kuchen und Freibier.

Manche Tage werden eben auch nicht so toll sein. Das lässt sich nun mal nicht ändern. Wenn Sie dieses Buch erst einmal gelesen haben, werden Sie dann aber wenigstens nicht mehr vor Angst schlottern, komplett durchdrehen oder Ihren Frust an Ihrer Katze auslassen. Und solche schlechten Tage kommen immer wieder, egal wie tapfer Sie dagegen ankämpfen.

Machen Sie sich Ihre Suche nach dem Glück also nicht schwerer, als sie ist. Sie könnten durchaus täglich mit einem postkoitalen Lächeln auf dem Gesicht aufwachen, doch in letzter Zeit haben Sie sich vielleicht selbst eingeredet, dass Sie das nicht zustande bringen. Dank der Einmischung der Selbsthilfebranche halten Sie das Spiel des Lebens für viel schwieriger, als es tatsächlich ist. Sie sind überzeugt davon, dass Sie ohne Unterstützung durch ein System, ein Seminar, einen

Experten, ein Buch, einen Workshop oder eine Religion praktisch nichts mehr bewältigen können.

Dieses Buch bietet Ihnen Unterstützung, die letzte, die Sie je brauchen werden. Es zu schreiben war leicht, denn es besteht aus einem Aufguss ganz einfacher Weisheiten: hier ein bisschen gesunder Menschenverstand, da ein paar allgemein bekannte Tatsachen und Wahrheiten, das Ganze schlau verpackt als witziger Leitfaden. Nichts auf diesen Seiten wird Sie überraschen, einiges wird Sie erfreuen, und bei vielem werden Sie zustimmend nicken und sagen: »Ja, das weiß ich schon.«

Ich wiederhole: Sie wissen es schon. Aber Sie haben es vergessen, wegen des weißen Rauschens. Das weiße Rauschen kommt von überallher: Fernsehmoderatoren, Zeitschriften, Familienmitglieder, die es gut meinen, Kirchenoberhäupter, Zeitungskolumnisten, Modeschöpfer und Lebensberater. All diese Menschen haben eine Menge guter Ratschläge für Sie. In der Vergangenheit haben Sie bewusst nach diesen Ratschlägen gesucht – und es hat Sie verwirrt. Da Sie verstehen wollten, warum einige Menschen übergewichtige Versager sind und andere gut gebaute, athletische Millionäre mit Nummernkonten an exotischen Orten, haben Sie aufgehört, auf sich selbst zu hören, und stattdessen angefangen, an den Lippen von »Experten« zu hängen. Aber **Sie kennen die Antworten schon**, also hören Sie jetzt damit auf, nach weiterer Bestätigung zu suchen.

- Sie sind übergewichtig, weil Sie mehr Kalorien zu sich nehmen, als Sie verbrennen.
- Sie haben nichts auf dem Konto, weil Sie mehr Geld ausgeben, als Sie einnehmen.
- Sie spielen schlecht Tennis, weil Sie mehr Zeit in der Kneipe als auf dem Tennisplatz verbringen.

Leider sind diese schnellen und einfachen Erklärungen durch weit kompliziertere Empfehlungen ersetzt worden.

Es ist an der Zeit, ehrlich zu sein.

Schluss mit schwachsinnigen Ausreden.

Sie **wissen**, was wichtig ist. Sie **wissen**, wie Sie die Sache angehen müssen. Sie haben es bloß verdrängt.

Wenn man eine x-beliebige Person bitten würde, eine Liste mit den Dingen zu erstellen, die sie für ein lohnenswertes, angenehmes Dasein für entscheidend hält, also **die wirklich wichtigen Dinge**, dann würde auf der Liste Folgendes stehen (die Reihenfolge spielt dabei keine Rolle):

Gesundheit
Glück

Mehr nicht. Ein paar Scherzkekse würden Reichtum anführen, also die Anhäufung von Eigentum als Kompensation für einen winzigen Schwanz, doch damit würden sie falschliegen. Das sind lediglich hübsche Extras.

Sicher, es ist nett, mehr Geld zu haben (arm zu sein hat noch niemanden glücklich gemacht – außer vielleicht Gandhi und Mutter Teresa). Doch es ist einfach, mittellos und glücklich zu sein, und mittellos und glücklich zu sein fühlt sich gut an. Reich und glücklich zu sein fühlt sich auch verdammt gut an. Aber reich und unglücklich? Das ist ätzend.

Denken Sie immer daran, Sie wissen das schon!

Und obwohl Sie dieses zeitlose Wissen besitzen, kriegen Sie es nicht auf die Reihe. Sie machen sich mit Überstunden kaputt und verpassen deshalb die Schulaufführungen Ihrer Kinder. Ihr jetzt schon runder Hintern wird noch dicker, weil Sie zwei Stunden Anfahrt zur Arbeit absitzen. Sie investieren Zeit und Geld in einen Fernseher, anstatt Ihre Beziehungen zu pflegen, und Sie stopfen immer noch eimerweise gesättigte Fettsäuren in sich hinein, obwohl Sie wissen, dass diese Sie über kurz oder lang drei Meter tief unter die Erde bringen werden.

Dieses Buch ist eine freundliche Ermahnung, sich an das zu erinnern, was Sie wissen, und daran, warum dieses Wissen so wichtig ist.

Also: Gratulation zu Ihrer Entscheidung, Ihr Leben in den Griff zu bekommen. Damit haben Sie die wichtigste Voraussetzung schon erfüllt.

WIE MAN DIESES BUCH BENUTZT

Dies ist ein Buch! Es ist nicht zur Benutzung, sondern zum Lesen gedacht. Also lesen Sie es!

Sie sind für sich selbst verantwortlich, und Sie müssen damit beginnen, indem Sie sich diesem beeindruckenden Lebensleitfaden mit der Verantwortung nähern, die er verdient. Erfahren Sie jetzt, wie Sie aus diesem Buch ein tolles Projekt machen können, das Sie garantiert in einen Superhelden verwandelt.

Sie können das tun, was die meisten Menschen tun werden: die Überschriften überfliegen, vielleicht vor dem Einschlafen ein halbes Kapitel lesen und das Buch anschließend ins Regal stellen und es vergessen. Wenn Sie ein echter Snob sind, lassen Sie es einfach beim Physiotherapeuten Ihres Pudels im Wartezimmer liegen. Dann, nach einigen Wochen, Monaten oder Jahren werden Sie sich sagen: »Du liebe Güte, es ist wirklich an der Zeit, dass ich mir ein Buch zum Thema persönliche Entwicklung kaufe, ich habe ja immer noch Probleme damit.«

Also kaufen Sie noch ein Buch. Und wenn ich Glück habe, wird es wieder dieses sein, und ich kann mir für die Tantiemen schon wieder einen halben Cappuccino gönnen.

Ist es nicht dieses Buch, wird es irgendein anderes sein. Vielleicht eines mit dem Titel *Was Mehr-Phasen-Schläfer von Hundeflüsterern lernen können* oder *Du bist nur so gut wie das Gute, das sich im Geist deiner toten Großmutter manifestiert*. Sie lesen dann das neue Buch, bereuen, dass Sie es gekauft haben, und packen es irgendwo ins Regal.

Und so geht das ewig weiter.

Ich zum Beispiel besitze eine Sammlung von Selbstlernbüchern für mehrere Sprachen. *Lernen Sie Japanisch oder Bulgarisch oder Rumänisch oder Spanisch – in 4 Wochen*. Aber spreche ich eine dieser Sprachen? Nein. Das liegt daran, dass ich das tue, was die meisten Menschen tun: Ich beschließe, eine Sprache zu lernen, und bilde mir ein, dass ich, indem ich ein entsprechendes Buch kaufe und einmal lese, diese Sprache fließend beherrschen oder zumindest in der Lage sein werde, mich in dieser Sprache nach einer Verhaftung wegen Erregung öffentlichen Ärgernisses wieder herauszureden. Natürlich funktioniert das nicht. Das tut es nie. Sie müssen mehr tun als das. Sie müssen das tun, was erfolgreiche und effiziente Menschen tun, und die Lektüre dieses Buchs in einen Fluchtweg verwandeln, weg vom langweiligen Unsinn.

[Wichtiger Hinweis: ***Sie sollten das tun, was ich sage, nicht das, was ich tue.*** *Wenn Sie denken, dass mich das zum Heuchler macht, ist das auch in Ordnung. Mit dieser Kritik komme ich gut klar, aber hilft Ihnen das weiter? Nein? Dann Klappe halten und weiterlesen.]*

Dieses Buch ist in Abschnitte unterteilt, und jeder Abschnitt enthält eine Reihe von Lektionen, perfekt geeignet, um auf der Toilette gelesen zu werden. Also tun Sie das doch einfach. Lesen Sie das Buch auf dem Klo. Eine Sitzung von 600 Wörtern wird Ihre Hämorrhoiden nicht verschlimmern. Schlimmer werden Ihre Hämorrhoiden durch ein scharfes indisches Curry, Bier oder einen neurotischen Chef.

Lesen Sie jeden Tag eine Lektion. Das dauert nicht

länger als zehn Minuten. Wenn Sie diese zehn Minuten nicht erübrigen können, brauchen Sie das Buch mehr, als Ihnen bewusst ist. Jede Lektion stellt eine besonders geniale Idee vor. In einigen Lektionen finden Sie sogar Anweisungen, die Sie auf der Stelle umsetzen können (nachdem Sie das Klo verlassen haben).

Wenn Sie das tun, wird sich Ihr Leben deutlich verbessern.

Tatsächlich werden Sie sich durch die Umsetzung meiner idiotensicheren Anweisungen über Nacht von einer jämmerlichen und unterwürfigen Fußmatte, die sich permanent von den Ungerechtigkeiten und miesen Deals des Lebens ärgern lässt und keine Freunde hat, in einen wahren Superhelden verwandeln, der leider den lieben langen Tag Angebote für Rückenkrauler und kostenlose Cocktails zurückweisen muss.

[Zweiter wichtiger Hinweis: Auf diese Resultate haben Sie kein Anrecht. Die erwähnten Ergebnisse basieren auf den Erfahrungen einiger außergewöhnlicher Individuen. Autor und Verlag geben keine Garantie dafür, dass das Ergebnis bei Ihnen ähnlich ausfällt. Sorry.]

Wenn Sie meine Anweisungen aber nicht umsetzen und dann feststellen, dass Sie sich noch immer in derselben ausgelatschten Spur suhlen wie vor dem Lesen des Buchs, einsam und frierend, kommen Sie nicht zu mir gerannt. Das ist nicht meine Schuld. Es liegt an Ihnen, was als Ergebnis herauskommt.

KRIEGEN SIE ES AUF DIE REIHE

Sie brauchen nur drei Dinge zu tun, um Ihr Leben im Griff zu haben. Dies sind die **Drei Goldenen Regeln**:

Erstens: Sie müssen Verantwortung für sich selbst übernehmen. Das bedeutet, dass Sie aufhören müssen, auf die Erlaubnis anderer, auf Anweisungen oder Sündenböcke zu warten.

Zweitens: Sie dürfen sich selbst nicht so ernst nehmen. Wenn Sie sich selbst nicht so ernst nehmen, werden Sie auch das Leben weniger ernst nehmen. Das Leben ist kein Wettbewerb, es ist ein Spiel. Dabei gibt es keine Gewinner oder Verlierer. Und am Ende sind wir sowieso alle tot.

Drittens: Sie müssen Sachen gebacken kriegen. Nichts Berauschendes, nur die alltäglichen Sachen. Und Sie sollen das nicht deshalb tun, um dann Ihren

Tag noch voller zu packen, sondern damit die Sachen, die Ihren Tag jetzt füllen, Ihnen nicht zur Last werden.

Es gibt einige weitere Dinge, die Ihnen dabei helfen können, Ihr Leben in den Griff zu kriegen; eine der wichtigsten ist der Umgang mit den anderen Idioten, mit denen Sie die Erde teilen müssen. Die richtige Einstellung unseren Mitmenschen gegenüber und wie Sie mit ihnen interagieren, wird Sie auf Ihrem Weg zum »In-den-Griff-Bekommen« schneller voranbringen, ebenso die richtige Einstellung zu Arbeit und Geld.

Doch wenn Sie aus diesem Buch nur drei Dinge mitnehmen, dann bitte die **Goldenen Regeln**:

1. Übernehmen Sie Verantwortung für sich.
2. Nehmen Sie sich nicht so ernst.

Und:

3. Bekommen Sie Sachen gebacken.

Sie müssen sich auch darüber klar werden, was wirklich wichtig ist. Manche Dinge sind sehr wichtig, viele sind aber völlig unwichtig. Momentan verbringen Sie wahrscheinlich zu viel Zeit mit Ihren Sorgen über die kleinen Dinge. Das beeinträchtigt Ihre Fähigkeit, die großen Dinge richtig zu bedenken.

Wenn Sie feststellen, dass Sie sich über blödsinniges Zeug Sorgen machen, hören Sie **jetzt** damit auf.

Hier einige Beispiele für blödsinnige Dinge:

- ob Ihre Socken zusammenpassen;
- wie viel Trinkgeld Sie geben sollen;
- was Leute, die Sie nicht mögen, über Sie denken;
- dass Sie vergessen haben, den Müll rauszustellen;
- dass Sie ein Kilo Übergewicht haben;
- Arbeitszeiterfassung.

Konzentrieren Sie sich auf die **wirklich wichtigen Dinge**:

- Ihre Gesundheit;
- Ihre Familie;
- Ihre Beziehungen.

Warum?

Wenn Sie sich mit Kleinkram abgeben, kostet Sie das Zeit und emotionale Energie (beides begrenzte Ressourcen).

In diesem Kapitel werden Sie an den Grundlagen arbeiten. Nach einem recht anschaulichen Gleichnis und einigen weiteren Anmerkungen stelle ich Ihnen jene sieben Bausteine vor, die Sie brauchen, um die Dinge in den Griff zu bekommen. Diese sieben Bausteine bilden das Fundament. Und Sie werden auf diesem Fundament weiter aufbauen, bis Sie ganz oben sind.

Es ist einfach für mich, Ihnen zu erzählen, dass Sie Verantwortung für sich selbst übernehmen sollen, aber wenn es Ihnen an Selbstvertrauen fehlt, Sie sich nie was erlauben oder Sie ein jämmerliches Weichei sind, das sich vor Angst in die Hosen macht, dann wird das Übernehmen von Verantwortung für Sie eine Sisyphusarbeit werden, die niemals endet.

Also sollten Sie das Ganze in kleinen Schritten angehen und einfach unablässig weitermachen.

EIN ANSCHAULICHES GLEICHNIS ZUR EINFÜHRUNG

Die folgende Geschichte ist frei erfunden: Es war einmal ein Junge namens Benjamin. Benjamin wurde mit einem Loch im Herzen und einem Sprachfehler geboren. Zu allem Überfluss hatte er nach einer Polio-Infektion ein gelähmtes Bein. Armer Teufel.

Seine Mutter gab ihn weg an einen Mann namens Otto im Tausch gegen ein Handy, eine Packung Zigaretten und Rubbellose im Wert von 20 Euro. Otto steckte Benjamin in eine Fabrik. Dort musste der Junge Designerlabel auf Handtaschenimitate kleben, die an wohlhabende Damen verscherbelt wurden. Benjamin arbeitete 18 Stunden am Tag und durfte nur alle sechs Stunden eine kurze Pause machen. Er wurde für seine Arbeit nicht bezahlt und schlief unter seiner Werkbank, den Geruch von Kleber und Leder in der Nase.

Drei Tage nach Benjamins zwölftem Geburtstag stellte Otto eine Putzfrau mit dem Namen Gerda ein. Gerdas Schicht begann um 22 Uhr – genau dann, wenn Benjamin seine Arbeit beendete. Benjamin und Gerda wurden Freunde, und nach einigen Wochen fing Gerda an, Benjamin Geschenke mitzubringen: Sie brachte ihm Murmeln mit. Sie brachte Murmeln aus Glas und Ton, große Murmeln und kleine Murmeln. Es gab Glasmurmeln, Riesenmurmeln, Tonmurmeln, getigerte Murmeln, gestreifte Murmeln und andere. Benjamin ordnete sie nach Größe und Farbe und versteckte sie unter den Bodenbrettern. Die Murmeln waren Benjamins Ein und Alles. Es bereitete ihm großes Vergnügen, sie zu betrachten, und er häufte eine stattliche Sammlung dieser farbigen Kugeln an. Bis zu seinem 16. Geburtstag hatte er mindestens 200 verschiedene Murmeln in den unterschiedlichsten Größen und Farben gesammelt. Nie in seinem Leben war er glücklicher. Dann bekam Benjamin eine Lungenentzündung und starb. Gerda bezahlte seinen Grabstein. Darauf stand: »Hier ruht Benjamin. Der glücklichste kleine Bursche, den die Welt je gesehen hat.«

Zu derselben Zeit, als Benjamin in der Fabrik schuftete, lebte in derselben Fantasiestadt in einer Villa eine junge Frau namens Sophia. Sophia war gesund, schön und hochgewachsen. Während ihrer Zeit im Mädchenpensionat hatte sie gelernt, sich gewählt auszudrücken, und ihr Vater sorgte dafür, dass sie pünktlich jeden Monat einen fünfstelligen Scheck erhielt. Sie hatte sechs Diener und einen sorgfältig gepflegten Rasen. Ihre Tage bestanden aus ausgedehnten Mahlzeiten und Massagen.

Leider war Sophia depressiv, weil ihre Freundin Jasmin, diese *Ziege*, zu ihr gesagt hatte, dass ihre neue Handtasche *so was von out* wäre. Sophia kam nicht darüber hinweg. Sie verließ das Haus nicht mehr und starb in der Nacht vor ihrem 28. Geburtstag an einer Überdosis aus Gin und Antidepressiva.

Eigentlich vermisste sie niemand.

DIE MORAL UND DIE LEKTION

Benjamin war zufrieden mit seinem Schicksal. Sophia war nicht zufrieden, obwohl es ihr, was materiellen Komfort anlangte, an nichts fehlte.

Die Moral von der Geschichte ist, dass man das, was man hat, wertschätzen sollte. Das ist die *einzige* Möglichkeit, ein glückliches und erfülltes Leben führen zu können. Punkt.

Wenn Sie nicht lernen, das, was Sie haben, wertzuschätzen, streben Sie nach einem nicht genauer definierbaren *Etwas*, das Sie niemals finden werden. Entweder Sie sind mit Ihrem Schicksal zufrieden – oder nicht. Bekommen Sie das in den Griff. Genießen Sie die schönen Dinge in Ihrem Leben.

Auch mittellose Menschen können ein glückliches Leben führen, wenn sie mit der Gabe der Wertschätzung dessen, was sie haben, gesegnet sind. Aufgrund desselben Prinzips können Menschen, die Flugzeuge, Konzerne und Löwenfelle besitzen, permanent unzufrieden sein und unaufhörlich nach mehr streben. Mehr heißt aber nicht zwangsläufig besser. Mehr kann großartig sein, doch Ihr »Mehr« wird durch Ihre Einschätzung dessen definiert, was »Mehr« ist.

Ich will damit nicht sagen, dass Sie jeden Morgen mit positiven Beschwörungsformeln, Atemübungen und dem Sonnengruß beginnen sollen. Ich will damit auch nicht sagen, dass Sie Post-its an den Spiegel kleben sollen, die Sie daran erinnern, dass Sie wunderbar und einzigartig sind und dass Sie Ihr Schicksal selbst in der Hand haben. Ich will damit auch ganz bestimmt nicht andeuten, Sie könnten sich selbst davon überzeugen, dass Sie zu fast allem fähig sind, indem Sie sich immer wieder Autosuggestions-CDs anhören.

Ganz im Gegenteil.

Was Sie tun müssen, ist, sich selbst daran zu erinnern, dass das, was Sie haben, o.k. ist. Und noch mehr als das: Auch die Hälfte dessen, was Sie haben, wäre noch o.k. Also schrauben Sie Ihre Erwartungen herunter.

Wenn Sie das tun und sich mit etwas weniger zufriedengeben, können Sie den Grad Ihrer Zufriedenheit erheblich erhöhen.

Sind Sie ein Benjamin oder eine Sophia? Ein dankbarer Rotzlöffel, der das Leben liebt und die einfachen Dinge zu schätzen weiß, oder eine verwöhnte Kuh, die mit nichts zufrieden ist? Fragen Sie sich, wie gut Sie es eigentlich haben. Und jetzt fragen Sie sich das gleich noch einmal.

Verändern Sie Ihre Perspektive, machen Sie eine Bestandsaufnahme Ihres Lebens, und Sie werden feststellen, dass Sie keinen Grund haben sich zu beschweren. (Wenn Sie sich dessen immer noch nicht bewusst sind: Die bloße Tatsache, dass Sie Geld für dieses Buch ausgegeben haben, deutet darauf hin, dass es Ihnen wahrscheinlich besser geht, als Sie denken.)

Und lernen Sie zu erkennen, wann es genug ist.

Mehr ist nicht immer das Beste. Es können nicht alle Wurstbrater dieser Welt Sterneköche werden. Wer würde uns sonst Currywurst machen? Aufstieg und Fortschritt sind das, was die Zivilisation zivilisiert bleiben lässt. Doch sie sind es auch, die uns Nuklearwaffen und unsägliche Fernsehsendungen bescheren.

Sie müssen Ihre eigenen Werte festlegen und damit aufhören, den Erwartungen, die andere Menschen an Sie stellen, gerecht werden zu wollen. Falls es Sie sehr stresst, den Erwartungen anderer gerecht zu werden, wird Ihnen folgender Rat helfen: **Hören Sie jetzt damit auf!**

Ehrgeiz ist gesund, solange es Ihr eigener Ehrgeiz ist.

Sie sagen: *Ich bin mir jetzt im Klaren darüber, was ich beruflich machen will! Ich möchte Krankenschwester werden!*

Ein wohlmeinender Verwandter antwortet: *Großartig! Das Tolle daran ist, dass man als Krankenschwester nur noch einen Schritt vom Medizinstudium entfernt ist! Und wenn du erst einmal Ärztin bist, kannst du dich auf Chirurgie und dann auf plastische Chirurgie spezialisieren. Und wenn du dir einen Namen gemacht hast, kannst du deine eigene Praxis aufmachen, und dann bekommst du deine eigene Fernsehsendung, schreibst ein Buch und stellst ein Dutzend Mitarbeiter ein, und mit 55 Jahren hast du Millionen verdient und musst nicht mehr arbeiten.*

Sie, ganz kleinlaut: *Aber ich möchte doch nur Krankenschwester werden …*

Genug ist genug! Warum sagen wir immer nur bei den schlechten Sachen: »Das reicht jetzt!«? Warum sagen wir das nur, wenn Bernadette und ihr Bruder Boris sich an den Haaren ziehen oder unsere Schwiegermutter mal wieder eine abfällige Bemerkung über unsere Gardinen, unsere Frisur oder unser Gewicht gemacht hat? Warum sagen wir nur »Das reicht jetzt!«, wenn uns die schlechten Sachen überrollen?

Sagen Sie es auch, wenn Sie Gutes erleben: »Donnerwetter – diese Spaghetti Carbonara sind unglaublich lecker, aber jetzt habe ich genug davon gegessen.« Oder: »Mensch – ich glaube, das waren wirklich genug Beförderungen für dieses Jahr; ich fahre jetzt in den Urlaub, bevor sie mich noch zum Geschäftsführer machen.« Oder: »Du liebe Güte, ich weiß wirklich nicht, was ich mit einem zweiten Auto anfangen sollte. Ich belasse es bei dem einen, vielen Dank.«

Zu wissen, wann man »es reicht« sagt, ist der Schlüssel zur Zufriedenheit. Ich rede hier nicht über Selbstgefälligkeit, ich rede über **Zufriedenheit**, jenes schwer erreichbare, kaum fassbare Gut, für das wir Yogagurus unser schwer verdientes Geld in den Rachen werfen.

Wenn Sie nicht wissen, wann Sie aufhören sollten, werden Sie am Ende über Ihr Ziel hinausschießen.

Also nehmen Sie sich eine Minute Zeit, um für sich **festzulegen, wann es für Sie genug sein sollte.** Und dann halten Sie sich daran.

Je mehr Sie haben, desto mehr wollen Sie. Je mehr Sie wollen, desto fetter werden Sie. Je fetter Sie werden, desto schlechter wird es Ihnen gehen.

Denken Sie daran:

- Sie sollten mit dem zufrieden sein, was Sie haben.
- Sie sollten Ihre Erwartungen herunterschrauben.
- Sie sollten wissen, wann es reicht.

ÜBERNEHMEN SIE VERANTWORTUNG

Jeder Impuls, Ihren Hintern hochzubekommen und etwas zu tun, was *Sie* als nützlich und lohnenswert erachten, **muss von Ihnen selbst kommen**.

Wer ist schuld daran, dass Sie Probleme haben, aus dem Bett zu kommen, und morgens lieber liegen bleiben, Milchkaffee schlürfen, rauchen und Kekskrümel auf dem Laken verteilen? Wer ist denn schuld daran, dass Sie sich nicht rechtzeitig anziehen und mit interessanten Leuten über die Themen des Tages sprechen? Wer ist schuld daran, dass Ihre Küche eine Gefahr für die Gesundheit darstellt? Wer hat denn den vergammelten Speck im Kühlschrank liegen lassen? Wer ist schuld daran, dass Sie dieses Jahr keinen Urlaub gemacht, sondern Ihr bescheidenes Urlaubsgeld in 15 Pay-TV-Kanäle und einen türkisfarbenen Jogginganzug gesteckt haben? An wem liegt es denn, dass Sie gar nicht erst versuchen, Sex zu haben, aber sich

reichlich darüber beschweren, dass
Sex haben?

Sie sind schuld. Sie sind für sich veran
Sie sind für Ihre Gesundheit verantwortlich. **S**
für den Zustand Ihrer Küche verantwortlich, für Ih
Taillenumfang und dafür, wie oft Sie Oralsex bekommen. **Sie** sind verantwortlich für Ihr Wohl, Ihr Glück, Ihre Produktivität, Ihren Haarschnitt, Ihre Karriereaussichten, Ihren Kontostand und Ihre Kleidung.

Sicher, es kann auch mal dumm laufen, für Sie und für alle anderen. Wenn Sie gar nicht damit rechnen, werden Ihnen Knüppel zwischen die Beine geworfen, Kobolde werden auf Sie losgelassen, oder Ihnen wird ordentlich das Fell über die Ohren gezogen. Einige Menschen trifft es nun mal schlimmer als andere. Einige von uns wurden in einem Problembezirk in eine Familie von Kleinkriminellen hineingeboren. Einige von uns haben Brüder oder Schwestern in Unfällen verloren, und einigen von uns wurde von Arbeitgebern, Straßenräubern, Schulrowdys oder dem Finanzamt übel mitgespielt. Einige von uns wurden von Autos angefahren oder von Psychopathen verstümmelt, von grausamen Eltern vernachlässigt oder von Trickbetrügern in den Ruin getrieben. Einige von uns waren jung und dumm genug, um sich Piercings stechen zu lassen und sich dabei eine Blutinfektion einzufangen, von der sie sich nie ganz erholt haben.

Über manche Dinge können wir hinwegkommen. Tattoos kann man weglasern. Mittels Physiotherapie lassen sich die meisten schlaffen Gliedmaßen kräftigen. Doch einige Dinge werden wir nicht so leicht wieder los. Wie werden wir mit den Sachen fertig, die sich nicht mit einer Salbe, einem Scan oder nicht invasiver Chirurgie beheben lassen? Was ist mit Dingen wie dem Herzschmerz, dem Leid, den seelischen Narben, der Trauer und dem psychischen Trauma, die wir alle, zu einem gewissen Grad, mit durchs Leben schleppen müssen?

Das ist einfach. Entweder wir lernen, damit zu leben, oder nicht. Das unterscheidet diejenigen, die eine schreckliche Zeit überwinden, weiteratmen und am anderen Ende lachend und mit einer Rolex am Arm herauskommen, von denen, die ihren Hintern nicht hochbekommen und sich selbst eine Abfuhr erteilen.

Warum springen einige von uns wieder ins Feld, ersinnen Lösungen, kämpfen und finden aktiv einen Weg heraus aus dem Elend und all dem Mist, während wir übrigen in niemals endenden konzentrischen Kreisen aus Selbstmitleid, Selbsthass und Resignation schwimmen?

Der Unterschied ist folgender: Manch
übernehmen Verantwortung.

Es gibt Leute, die geben der Welt die Sc
des Leid, das sie ereilt, und dann geben s
auch noch die Schuld für jedes weitere Versagen, für Versäumnisse und spektakuläre Fehlentscheidungen, die sich daraus ergeben. Solche Leute sind dankbar, dass sie keine Verantwortung übernehmen müssen. Solche Leute machen sich die Hände nicht schmutzig. Sie haben ihren Sündenbock gefunden und bleiben dabei. Das sind Leute, die keine Sachen gebacken kriegen. Diese Leute sagen: »Ich hatte ja vor, in den Urlaub zu fahren, aber ich arbeite gerade für die XY Bank AG an einem *wirklich* wichtigen Projekt. Wenn ich in Pension bin, habe ich noch jede Menge Zeit, um in den Urlaub zu fahren.« Genau diese Leute sagen auch: »Das werde ich mir niemals leisten können…« und »Ich wünschte…« und »Ich träume davon…«

Doch dann gibt es auch die anderen, die außerhalb ihrer Kontrolle liegenden Umständen die Schuld geben, wenn dies angebracht ist, und sich selbst die Schuld geben, wenn sie schuld sind. Wenn unerwartet aus großer Höhe Jauche auf sie herabregnet, nehmen sie eine Dusche, sagen: »Euch Mistkerlen werde ich es zeigen«, und machen einfach weiter. Das sind die

Leute, die »wann« statt »ob« sagen und »machen wir es möglich« statt »das ist unmöglich«.

Zu welcher Fraktion gehören Sie?

Sie können das Volumen, die Menge und die Farbe des Mists, mit dem Sie ab dem Moment beworfen werden, in dem Sie, schreiend und inkontinent, auf diese Welt kommen, bis zu dem Moment, wo Sie die Welt in einem ähnlichen Zustand wieder verlassen, nicht kontrollieren.

Sie *können* jedoch sehr wohl kontrollieren, ob Sie sich eine Schaufel schnappen und sich aus dem gigantischen Berg Unrat befreien, oder ob Sie sich lieber eine Atemmaske aufsetzen, um so gerade eben zu überleben, während sich der Mist meterweise über Ihnen auftürmt.

Wenn schon Kleinigkeiten eine Zumutung für Sie darstellen, wenn Sie feststellen, dass Ihre ohnehin schon fragwürdigen Körperpflegestandards weiter sinken, wenn Sie glauben, dass es o.k. ist, Ihre Haare nur jede zweite Woche zu waschen, und Duschen nur für richtig schmutzige Menschen da sind, und wenn Sie meinen, Trainingsanzüge und Fußball-T-Shirts wären eine geeignete Freizeitkleidung, dann sollten Sie beginnen, an sich zu arbeiten.

Wenn Sie Sklave der Launen Ihres Chefs sind und

Sie alles in Ihrer Macht Stehende tun, um diesen fetten, übel aus dem Mund riechenden Bastard zu beschwichtigen, dann sollten Sie beginnen, an sich zu arbeiten.

Wenn Ihre besten Freunde arbeitslose Junkies und Alkoholiker sind und Sie sich immer noch darüber wundern, warum Sie seit drei Jahren keine Geburtstagskarte mehr bekommen haben, dann ist es Zeit, dass Sie beginnen, an sich zu arbeiten.

Dieses Buch wird Ihnen dabei helfen. Dieses Buch wird Ihr Leben verändern, aber nur, wenn Sie es zulassen. Nutzen Sie diese Chance, oder lassen Sie es bleiben. Mir ist das egal. Übernehmen Sie Verantwortung, und Sie werden sehen, dass die Dinge sich schnell zum Besseren *für Sie* wenden werden.

Sie können das schaffen, weil Sie es draufhaben – auch wenn Ihnen das noch nicht bewusst ist.

ERLAUBEN SIE ES SICH EINFACH

Hören Sie auf, darauf zu warten, dass man Ihnen sagt, dass das, was Sie vorhaben, o.k. ist. Wie alt sind Sie – sechs? Mit sechs waren Sie mutiger, oder? Sie legten einfach los und hatten keine Angst, auch wenn Sie *wussten*, dass etwas nicht erlaubt war. Als Sie jung waren, nannte man das niedlich, frech oder aufgeweckt.

Heute spricht man hinter vorgehaltener Hand über solche Regelbrecher. Sie werden nicht zu Gartenpartys eingeladen, und man sitzt über sie zu Gericht. Den Gedanken daran können Sie nicht ertragen *(Was würden die Nachbarn sagen?)*, also hocken Sie in Ihrer vorstädtischen Doppelhaushälfte und warten darauf, dass man Ihnen sagt, was Sie tun sollen. Das ist nicht gut. Dieses Problem muss behoben werden.

Und hier ist die Lösung:

Nehmen Sie die Denkweise eines Sechsjährigen an, und werden Sie zu Ihrer eigenen Autorität. Werden Sie der Herrscher von Ich.com. Im Moment haben Sie Angst, weil Sie sich selbst nicht als Autorität betrachten. Tatsächlich haben Sie eine ungesunde Vorstellung von Autorität, die dafür gesorgt hat, dass Sie sich am unteren Ende der Pyramide befinden. Die Pyramide ist die in Ihrer Einbildung existierende Hierarchie, in der Sie ganz unten stehen und darauf warten, dass die oben Stehenden, die Leute mit den Titeln und den Goldkettchen, Ihnen Dinge *genehmigen*, ein paar Krümel zuwerfen und Chancen eröffnen.

Aber Sie sind nicht am unteren Ende der Pyramide. Sie sind oben. Also steigen Sie wieder in den Sattel.

Denn was sind Autoritätspersonen überhaupt? Es sind Menschen. Mit Fehlern behaftete, launische, schlaffe menschliche Wesen mit Mitarbeitern, die für sie ans Telefon gehen. So toll ist das auch wieder nicht. Auch solche Leute müssen sich nach dem schweren Abendessen morgens auf dem Klo abmühen.

Sie sind die Königin von Saba. Kommen Sie in die Gänge und tun Sie, was immer Sie tun wollen.

Tun Sie *irgendetwas*. Wenn es sechs Monate her ist, seit Sie das letzte Mal Ihre Version von »I Will Survive« zum Besten gegeben haben, dann lassen Sie sich einen Mädelsabend raus.

Sie sind ein alter Mann? Dann besorgen Sie sich ein Skateboard. Im Ernst: Erlauben Sie es sich, Skateboard zu fahren. Und was, wenn Sie dabei einen Wanst vor sich herschieben? Sehen Sie dann wie ein Blödmann aus? Kein Problem! Erlauben Sie es sich einfach, wie ein Blödmann auszusehen.

Sicher, alles, was Sie tun, hat Konsequenzen, und vielleicht hat Sie das bisher davon abgehalten, sich von einem Felsen abzuseilen, eine außereheliche Affäre einzugehen, in der Firma nach der Macht zu greifen oder eine Tour durch die Arktis zu machen, aber wenn Sie es nicht versuchen, werden Sie nie herausfinden, welche Konsequenzen das nach sich zieht.

Was also wollen Sie? Wollen Sie zu Ihrer Frau sagen: »Hör mal, ich mache mir heute mit meinen Kumpels einen schönen Abend«? Dann sagen Sie ihr das.

Wollen Sie zu Ihrem Mann sagen: »Ich habe heute keine Lust für dich zu kochen«? Dann sagen Sie das nicht. Sagen Sie: »Ich koche heute Abend nicht für dich.«

Bitten Sie sich selbst um Erlaubnis, und sagen Sie dann Ja. Damit werden Sie Ihrem Ziel, Ihr Leben in den Griff zu kriegen, einen Schritt näher kommen.

SEIEN SIE ZUVERSICHTLICH

Um zu Ihrer eigenen Autorität zu werden und sich selbst die guten Dingen des Lebens zu erlauben, müssen Sie erst mal daran glauben, dass Sie diese Autorität besitzen. Ihr müsst an eurem Selbstvertrauen arbeiten, Leute!

Momentan sind Sie ein Mauerblümchen. Sie machen Ihre Position von anderen Menschen abhängig und stellen fest, dass es Ihnen an etwas fehlt. Und so mangelt es Ihnen an Selbstvertrauen. *Versager!*

Die Sache ist die: Wenn Sie halbwegs intelligent

sind, dann werden Sie ein klein wenig voreingenommen sein. Sie sind ein klein wenig voreingenommen, weil intelligente Menschen wie Sie Meinungen haben. Bei diesen Meinungen geht es meist um andere Menschen.

Einige Ihrer Meinungen sind positiv. Einige grenzen sogar an Verehrung. Es gibt Leute, für die Sie sich in dreckige Pfützen legen würden, nur damit die sich um Himmels willen nicht ihre teuren Schuhe schmutzig machen. Und dann gibt es auch noch die anderen. Menschen, die nicht so helle sind, oder noch schlimmer: Menschen, denen es definitiv an Genialität mangelt, die aber dennoch fest an ihre eigene Leuchtkraft glauben. Das sind Menschen, die zu viel reden oder zu laut kauen oder die außerhalb des Sportplatzes im Trainingsanzug herumlaufen. Von denen haben Sie keine so hohe Meinung. Manchmal hätten Sie Lust, ihnen eins auf die Nase zu geben. Manchmal wechseln Sie die Straßenseite, um ihnen auszuweichen. Und ein einziges Mal haben Sie ernsthaft überlegt, ob Sie Drogen in deren Wohnzimmer verstecken und der Polizei einen kleinen Tipp geben sollen.

Das ist in Ordnung. Sie sollten sich über diese Vielfalt freuen. Sie würden vom Lächeln Krämpfe in den Wangen bekommen, wenn Sie jeden für großartig hielten, und verhaftet werden, wenn jeder Sie auf die Palme brächte. Wir wurden geboren, um alles in Schubladen zu stecken. Wenn wir alle das Gleiche dächten oder die gleiche Überzeugung hätten oder die gleichen Frühstücksflocken essen würden, dann wären wir arm dran und würden ein langweiliges, vorherbestimmtes Dasein ohne interessante Meinungsverschiedenheiten fristen.

Und anderen Leuten geht es genauso (nicht, dass Sie eine Bestätigung von außen bräuchten, aber es ist gut zu wissen, dass man nicht allein auf weiter Flur dasteht. Wer will das schon?). Das heißt, auch andere Leute haben unterschiedliche Ansichten über die Menschen, die ihnen begegnen.

Ausgehend von der Annahme, dass jeder eine Meinung über alle anderen hat, und ebenfalls ausgehend von der Annahme, dass Sie intelligenter sind als alle anderen, gibt es daher keinen triftigen Grund für mangelndes Selbstvertrauen.

Ich sage es noch einmal:

Es gibt keinen triftigen Grund für mangelndes Selbstvertrauen.

Eigentlich ist *Selbst*vertrauen nicht das richtige Wort für das, was Sie über sich selbst denken. Es ist eine unzutreffende Bezeichnung. Im Kern schöpfen wir unser Selbstvertrauen nämlich aus dem Vertrauen, das andere Menschen in uns haben. Je öfter ich Ihnen erzähle, dass Sie brillant sind, desto mehr werden Sie mir glauben. Je öfter ich zu Ihnen sage, dass Sie blöd sind, desto mehr werden Sie mir glauben – auch wenn Sie sich mit allen Kräften dagegen wehren –, und desto blöder werden Sie sich fühlen.

Die Wirkung verstärkt sich durch Wiederholung. Wenn genügend Menschen Sie oft genug niedermachen, ist es irgendwann gar nicht mehr nötig, dass sie dies mit Worten tun, weil Sie es selbst so gut hinbekommen, dass Sie die anderen dazu gar nicht mehr brauchen.

Oder vielleicht sind Sie ja sogar gut darin sich niederzumachen, ohne dass andere mitwirken. Vielleicht glauben Sie zu wissen, was andere denken. Sie sagen: »Seit meinem Schlaganfall vor drei Jahren bin ich nur noch ein halber Mensch. Ich könnte mich eigentlich zu einem Ball zusammenrollen und die Welt ignorieren, denn die Welt ignoriert mich auch.« Doch das wäre ein Fehler.

Ihr *Selbst*vertrauen verhält sich proportional zu dem, was *andere Ihrer Meinung nach* von Ihnen denken.

Wenn Sie an mangelndem Selbstvertrauen oder an

geringer Selbstachtung leiden, sollten Sie sich Folgendes vor Augen führen: Sie wissen überhaupt nicht, was andere über Sie denken. Sie bilden sich vielleicht ein, Sie könnten Gedanken lesen, aber eigentlich haben Sie keine Ahnung. Hören Sie auf, Ihren Platz auf der Welt in Relation zu allen anderen zu setzen.

1. Was andere Leute denken, ist egal, weil Sie klüger sind als 95 Prozent von ihnen.
2. Daher können Sie mit Fug und Recht allen anderen da draußen ein fröhliches »Leck mich« entgegenrufen.

Denken Sie daran, dass Sie es draufhaben. Und treiben Sie es ruhig auf die Spitze, da die Lösung für mangelndes Selbstvertrauen ein temporärer Überschuss genau daran ist.

Also erzählen Sie dem Rest der Welt, dass Sie es draufhaben. Posaunen Sie es überall herum. Und wenn Sie erst das gleiche Spiel spielen wie die restlichen Vollidioten um Sie herum, werden Sie merken, dass Sie aufhören können zu bluffen: Wir sind alle ein bisschen bluna, wir sind alle ein bisschen unsicher, und wir sind alle ein bisschen schüchtern. Nur sind einige von uns bessere Lügner.

SEIEN SIE ENTSCHLOSSEN

Eine Entscheidung wird dann getroffen, wenn eine entschlossene Person sich selbst die Erlaubnis gibt, zwischen zwei oder mehr Optionen zu wählen.

Das ist der Grund, warum Sie sich so schwertun, Entscheidungen zu treffen. Sie scheitern an dem Teil mit der Entschlossenheit und der Erlaubnis.

Aber jetzt, da Sie der Geschäftsführer von Ich.com sind, fängt das Fällen von Entscheidungen an, leichter zu werden.

Bis jetzt haben Sie gesagt:

»Ich überlasse die Dinge gern dem Schicksal. Was passieren soll, wird passieren!« Und Sie wurden schikaniert.

Sie reden um den heißen Brei herum, geben Ähms und Ähs von sich, drucksen herum – und *nichts* passiert. Am Ende bleiben Ihnen eine Liste mit Dingen, die Sie nie gemacht haben, und Ihr Bedauern darüber. Sie tun sich selber leid. Am Ende sitzen Sie ohne Schuhe da, mit Übergewicht und Essensresten im Bart.

Ändern Sie Ihr Leben! **Seien Sie ein Entscheider**!

SO TREFFEN SIE EINE ENTSCHEIDUNG

1. Schränken Sie Ihre Optionen ein. Sie müssen die Möglichkeiten, die Sie haben, in große Stücke aufbrechen, zerschneiden und verwerfen. Stehen 16 Optionen zur Auswahl, schmeißen Sie 13 raus, ohne sie überhaupt anzusehen. Mit denen werden Sie sich ein anderes Mal befassen.
2. Treffen Sie eine Entscheidung. Setzen Sie sich ein Zeitlimit für diese Aufgabe. Ich schlage acht Sekunden für »Was soll ich anziehen?« vor, eine Minute für »Wie mixe ich den perfekten Martini?« (das wird Ihnen sowieso nicht gelingen, also vergessen Sie's), fünf Minuten für »Karibik oder Mittelmeer« und vielleicht ein wenig länger für die Auswahl eines Lebenspartners. Blicken Sie nie zurück – hören Sie auf mit den »Was-wenn«-Fragen. Auch keine »Hätte-ich-doch-Nurs« mehr. Entschuldigen Sie sich nicht und erklären Sie nicht. Treffen Sie diese Woche noch eine Entscheidung.

Wenn Sie in der Lage sind, eine Entscheidung zu treffen, wird sich Ihr Leben dadurch in vielerlei Hinsicht verbessern. Sie werden auch öfter Sex haben. Nehmen Sie folgendes Beispiel:

Sie gehen in ein schickes französisches Restaurant.

Die Speisekarte hat 18 Seiten, und obwohl Sie nicht alles verstehen, tun Sie trotzdem so als ob. Der attraktive Kollege/die sexy Kollegin aus der Marketingabteilung, mit dem/der Sie hier sind, hat schon Steak mit Pommes gewählt. Sie können sich aber nicht so recht entscheiden, ob Sie nun das Fritto misto, das Lapin à la kriek, die Wachteleier Benedict oder das Trüffelomelett nehmen sollen. Das Parmesansoufflé sieht auch göttlich aus, und Sie haben gehört, dass der Schmortopf mit Sägebarsch ein Gedicht sein soll. Und dann denken Sie noch ein paar Minuten darüber nach, ob nicht vielleicht doch die Enchiladas eine gute Wahl wären.

Das dauert eine verdammte Ewigkeit, und Ihr attraktiver Kollege/die sexy Kollegin hat Sie mittlerweile als undankbare Neurosensammlung abgestempelt, wegen der er/sie so lange auf das Essen warten muss.

Sie gehen allein nach Hause, füttern Ihre Katzen und trinken einsam ein Gläschen Eierlikör.

Oder:

Ihr attraktiver Kollege/die sexy Kollegin sagt: »Ich nehme das Steak mit Pommes frites.« Sie sagen: »Das nehme ich auch.«

Danach kehren Sie erst vier Tage später und voller Knutschflecken nach Hause zurück.

Das ist das, was *tatsächlich* passieren wird, wenn Sie entschlossener werden.

Wenn Sie in der Lage sind, eine Entscheidung zu treffen, setzen Sie die Bausteine »Verantwortung« und »Erlaubnis« praktisch um.

Denken Sie an die Menschen, die Sie bewundern, Ihre Vorbilder, Ihre Gurus. Treffen die konkrete, endgültige und schnelle Entscheidungen?

Natürlich tun sie das. Und Sie tun das ab jetzt auch.

Sie haben es voll drauf.

HÖREN SIE AUF, ES SO KOMPLIZIERT ZU MACHEN

Hören Sie auf, Sachen zu verkomplizieren! Im Ernst: Sie sind Ihr eigener Feind, wenn es darum geht, einfache Dinge nervtötend kompliziert zu machen.

Zwischen »einfach« und »leicht« gibt es in der Praxis riesige Unterschiede. Einfach ist die Idee, die Sie haben, und die Ausführung dieser Idee ist der Teil, der leicht sein *sollte*, es aber selten ist.

Fast alles, womit Sie zu tun haben werden, ist einfach (es sei denn, Sie befassen sich mit Astrophysik oder Staatsfinanzen). Es gibt nichts, was Sie tun oder erreichen wollen, das nicht einfach ist. Sie wollen eine Reise nach Bali machen? Steigen Sie einfach in ein Flugzeug. Sie wollen wieder an der Uni studieren? Schreiben Sie sich einfach ein.

Es gibt tonnenweise Sachen, die einfach sind. Und tonnenweise Sachen sind noch einfacher als einfach.

Um zu beweisen, wie einfach fast alles ist, schreiben Sie es auf.

Probieren Sie für den Anfang Folgendes: *Morgen werde ich um sechs Uhr früh aufwachen, viereinhalb Minuten lang meine Achillessehnen dehnen, 16-mal meine Beckenbodenübungen machen, mir im Mixer einen Frühstückstrunk aus Mango, Spinat und Limettensaft zubereiten, mich anschließend duschen, anziehen und rasieren. Um sieben Uhr werde ich im Büro sein.*

Das war einfach, oder?

Und warum schaffen Sie es trotzdem nicht, »einfach« in »leicht« zu übersetzen?

Am nächsten Morgen klingelt Ihr Wecker um fünf vor sechs. Doch anstatt aus dem Bett zu springen, den Tag beim Schopfe zu packen und etwas für Ihre steifen Fußknöchel und Ihre schwache Blase zu tun, hauen Sie auf den Schlummerknopf und wachen gerade noch rechtzeitig auf, um nicht schon wieder zu spät in der Firma zu erscheinen.

Ein anderes Beispiel: *Im Dezember werde ich eine einzigartige Reise zum Polarkreis unternehmen. Diese Tour will ich schon seit 43 Jahren machen. Ich werde sie jetzt buchen.*

Und dann tun Sie es doch nicht. Sie buchen nicht sofort, denn sobald Sie anfangen, darüber nachzudenken, fallen Ihnen 1000 Gründe ein, warum jetzt gerade nicht die beste Zeit für eine solche Unternehmung ist. Was, wenn Sie körperlich nicht fit genug sind? Außerdem stecken wir mitten in einer Wirtschaftskrise, und Sie können sich diese Reise eigentlich nicht leisten. Oder Großtante Vera und ihr Pudel haben schon seit drei Jahren vor, Sie an Weihnachten zu besuchen: Vielleicht kommen sie dieses Jahr ja wirklich.

Und was würde passieren, wenn Sie tatsächlich buchen und die Reise antreten? Was wird von Ihrem Leben übrig bleiben? Worauf werden Sie sich dann noch freuen können? Schließlich sind Reisen zum Polarkreis die Domäne der *anderen*, nicht wahr? Jener anderen Menschen an der Spitze der Pyramide, aber nicht von Ihnen. Andere Menschen, die auf der Erde sind, um genau solche Dinge zu tun.

Es ist besser, wenn Sie die Reise nicht machen. Auf diese Weise können Sie immer darüber reden, wie gern Sie sie machen würden. Stimmt doch, oder?

Irgendwann sah ich mal tagsüber fern – das Ergebnis eines besonders hartnäckigen Katers. Es lief gerade irgendeine dieser uninspirierten Sendungen mit dem Titel *Wie viel würde der Krempel hinter deinem Sofa bei einer Auktion einbringen, wenn jemand bescheuert genug wäre, ihn zu kaufen?* Betty hieß die glückliche Proletin, in deren Haus dieses Mal gefilmt wurde. Als ich einschaltete, hatte Betty gerade ihre viktorianischen Spitzendeckchen verschachert. Der stumpfsinnige Moderator fragte sie, was sie mit dem Geld vorhätte. »Weiß nicht so recht«, sagte Betty. »Kommen Sie schon«, gab der Moderator zurück. »Was werden Sie sich gönnen? Was würden Sie gern machen? Wo liegen Ihre Interessen?« – »Nun ja«, antwortete Betty, »es gibt etwas, das ich schon immer tun wollte, aber noch nie *gemacht* habe.« – »Großartig«, meinte der Moderator. »Und was ist das?« – »Also«, setzte Betty an, »ich wollte schon immer mal Line Dance ausprobieren.«

Line Dance. Es entstand eine peinliche Stille, die über den Bildschirm bis in die Wohnzimmer der Fernsehzuschauer reichte. Diese arme Frau, die fast 60 war, hatte noch nie beim Line Dance mitgemacht, **obwohl sie das schon immer vorgehabt hatte!** (Eine Info für alle zum Glück Uneingeweihten: Line Dance ist eine Tanzform, bei der die Tänzer unabhängig von der

Geschlechtszugehörigkeit in Reihen und Linien vor- und nebeneinander tanzen. Die Einstiegshürden sind bemerkenswert niedrig. Man geht in einem beliebigen Provinznest in den Gemeindesaal und zahlt Eintritt, damit einem jemand erklärt, wie man sich im Takt der eingespielten Musik zu bewegen hat.)

Betty, um Himmels willen! Gönn dir etwas!

Doch wie wir wissen, gibt es 1000 Gründe und Ausreden, warum man aus »einfacher« nicht »leichter« machen kann. In Bettys Fall waren es vielleicht ihr gleichgestellte Personen, die Familie oder andere, denen sie etwas bedeutet, denen mehr daran gelegen ist, den Status quo zu festigen, als sie zu Neuem zu ermutigen, aus Angst davor, dass sie sonst auf der Strecke bleiben. Bettys Ehemann hatte die Träume seiner Frau vermutlich schon Jahre zuvor zunichtegemacht. Wahrscheinlich hatte er sich unter den Achseln gekratzt und sie gefragt: »Warum solltest du mit einem so blödsinnigen Mist wie Line Dance einen Trottel aus dir machen wollen?«

Oder, was noch wahrscheinlicher ist: Der Fehler lag bei Betty, so wie der Fehler bei Ihnen liegt. Sie sind das Hindernis auf Ihrem eigenen Weg. Was wäre, wenn Sie nur für einen Augenblick so täten, als hätten Sie gar keine Wahl? Was, wenn eine einfache Idee umgesetzt werden *müsste*?

- **Einfach:** *Ich werde in fünf Minuten fünf Kilometer laufen.*
- **Leicht?** *Nein.*

Versus:

- **Einfach:** *Ich werde in fünf Minuten fünf Kilometer laufen, damit mein Sohn seine lebenswichtige Bluttransfusion bekommt.*
- **Leicht?** *Zum Teufel, ja.*

Sie haben die Ressourcen, aber Sie nutzen sie nur, wenn Sie keine Wahl haben. Das können Sie ändern. Beseitigen Sie einfach die Wahlmöglichkeit. Hören Sie auf, das Leben so verdammt kompliziert zu machen. Nehmen Sie eine einfache Idee und sagen Sie sich, dass sie leicht umzusetzen ist – Sie werden überrascht sein, wie oft das auch der Fall ist.

REDUZIEREN SIE STRESS

Stress bringt Sie auf lange Sicht um. Stress wird durch Angst verursacht. Angst ist nicht gut.

Angst entsteht durch Ihre Reaktionen auf Situationen und Ereignisse. Wenn Sie glauben, dass das Ergebnis einer bestimmten Situation das Potenzial hat,

Ihnen Schaden zuzufügen, sitzen Sie schon ziemlich in der Bredouille. Ehe Sie sichs versehen, raufen Sie sich die Haare, verbringen schlaflose Nächte und schnauzen Ihren Mann an. (Dabei kann es sehr gut sein, dass Ihr Partner der Grund für Ihren Stress ist. Sie [oder er] eignet sich auch prima als Sündenbock. Ich gehe davon aus, dass die meisten Streitereien innerhalb der Familie nicht wegen einer gewissen Spannung *zwischen* zwei Menschen aufkommen, sondern eher durch eine Spannung entstehen, die bei *einer* der beiden Personen wächst und am Ende beide betrifft.)

Mit Angst geht man wie folgt um:

Minimieren Sie die Anzahl der Ereignisse und Situationen, bei denen Sie sich vor Angst in die Hose machen. Es geht nicht darum, solchen Situationen *aus dem Weg zu gehen*, sondern darum, neu zu definieren, was daran *tatsächlich* schädlich ist.

Es gibt nichts Nervtötenderes und Langweiligeres als *unnötige* Angst. *Berechtigte* Angst ist die Angst um die eigene Sicherheit und die Sicherheit anderer. Wenn Sie am Rande einer Klippe stehen, dürfen Sie sich selbst erlauben, berechtigte Angst zu empfinden. Wenn Sie angeschickert ins Meer hüpfen und dann feststellen, dass Sie fünf Kilometer vom Ufer entfernt, aber zu betrunken sind, um auch nur fünf Meter weiter zu schwimmen, dürfen Sie berechtigte Angst empfinden.

Doch wenn Ihre Angst daher stammt, dass Sie sich davor fürchten, dumm oder wie ein Amateur oder naiv zu *wirken*, dann ist Ihre Angst alles andere als berechtigt und zehrt an Ihren mentalen, intellektuellen und sexuellen Fähigkeiten. Wenn Sie sich in einem Stadium der Angst befinden, wird man Sie nicht flachlegen, und wenn Sie nicht flachgelegt werden, werden Sie nicht glücklich sein.

Beantworten Sie die folgenden Fragen ehrlich. Haben Sie jemals:

- akutes Unwohlsein und Blasenschmerzen verspürt, weil es Ihnen zu peinlich war, an einem Ihnen unbekannten Ort zu fragen, ob Sie die Toilette benutzen dürfen?
- erlebt, dass Ihnen in einem teuren und vermeintlich guten Restaurant ein furchtbares Essen serviert wurde und Sie auf die Rückfrage des Kellners, wie denn das Essen wäre, etwas geantwortet haben wie: »Oh, absolut köstlich, danke«, nur weil Sie Angst davor hatten, ihm die Wahrheit zu sagen?
- gezögert, Ihren Chef nach einer Gehaltserhöhung zu

fragen, weil Sie Angst hatten, dass er Nein sagen könnte?
- versäumt, sich einer Menge brüllender Menschen entgegenzustellen, die auch dann noch auf ihr Opfer eintreten, als dieses schon am Boden liegt, damit man Sie nicht als »Spaßbremse« tituliert?

Wenn Sie eine der Fragen mit Ja beantwortet haben, machen Sie sich nichts daraus. Sie sind nicht allein. Aber Sie müssen diese kleinen Stressvorboten ausräumen, sobald sie auftreten. Andernfalls werden sie Sie umbringen.

STEHEN SIE VERDAMMT NOCH MAL IHREN MANN/IHRE FRAU

Der letzte Baustein in Ihrem Fundament ist, dass Sie verdammt noch mal Ihren Mann/Ihre Frau stehen müssen. Das bedeutet: Hören Sie auf zu meckern, zu maulen, zu stöhnen und zu jammern.

Hören Sie auf, sich darüber zu ereifern, wie schlecht die Welt Sie behandelt, oder dass Ihre Freundin Ihnen den Laufpass gegeben hat, oder Ihr Freund mit Ihrer Schwester durchgebrannt ist, oder dass Sie keine

Gehaltserhöhung bekommen haben, nicht befördert wurden, oder Ihnen jemand den tollen Auftrag weggeschnappt hat. Sie wären überrascht, wie wenig all das andere Menschen interessiert.

Hören Sie auf zu schniefen, Entschuldigungen vorzubringen und nach einem Sündenbock zu suchen, wenn Sie wissen, dass Sie schuld sind. Sie sind zu weich. Sie müssen härter werden.

Hören Sie auf, anderen Menschen die Schuld zu geben, und fangen Sie damit an, Verantwortung für sich zu übernehmen. Kurz gesagt: Stehen Sie verdammt noch mal Ihren Mann. Und tun Sie das schnell.

Der Grund ist folgender:

Es gibt *nichts*, was unattraktiver wäre als das Elend anderer Menschen. Sicher, es befriedigt uns alle, wenn wir Nächstenliebe walten lassen und da den guten Samariter spielen können, wo Not am Mann ist. So mancher macht es sich sogar zur Lebensaufgabe, Bedürftigen zu helfen.

Aber wollen Sie wirklich zu den *Bedürftigen* gehören? Oder wollen Sie lieber ein unabhängiger Mensch sein, der für seine fröhlich-optimistische »Das Leben kann echt scheiße sein, aber wie ihr seht, lässt mich das kalt«-Einstellung bekannt ist?

Wenn Sie die ganze Zeit meckern, setzen Sie voraus, dass Ihre Mitmenschen sich tatsächlich für Ihren Mist interessieren. **Aber niemanden kümmern Ihre Probleme so sehr wie Sie selbst.** Und *niemandem* (mit Ausnahme Ihrer Mutter vielleicht) sind *Sie* so wichtig wie *Sie* sich selbst. Wahrscheinlich nicht mal Jesus.

Und wenn Sie kein Mann und der Meinung sind, dass der Appell »Stehen Sie verdammt noch mal Ihre Frau« sich bescheuert anhört, formuliere ich ihn gern um.

Werden Sie endlich erwachsen!

Hier geht es darum, ein Erwachsener zu sein. Einer, der ein Rückgrat besitzt und seine Tränenkanäle unter Kontrolle hat.

Wenn Sie beschließen, dass Sie sich nicht um sich selbst kümmern können, werden Sie feststellen, dass es andere auch nicht tun.

Sie kennen so jemanden, einen Freund oder eine Freundin, der oder die sich immer beklagt? Jemanden, über den Sie sagen: »Der kann echt anstrengend sein – ich gehe lieber nicht ans Telefon?«

Ja?

Das heißt, Sie meinen sich selbst.

Die Sache ist die: Wenn Sie, mein nicht erwachsener Freund, sagen: »Ich bin ein Versager«, werden andere zunächst einige Male antworten: »Nein, das bist du nicht«, um schließlich doch ins gleiche Horn zu stoßen.

Hören Sie auf herumzuheulen. Hören Sie auf zu stöhnen. Beklagen Sie sich nicht. Sie können mit Ihrem Ärger und Ihren chronischen Unzulänglichkeiten fertigwerden, ohne sie der ganzen Welt aufzubürden.

Wenn Sie über Ihre Probleme sprechen, wird das helfen, sie zu lösen. Wenn Sie aber unaufhörlich über den Mist schwafeln, den Sie angeblich durchmachen müssen, erreichen Sie das Gegenteil.

Stehen Sie also verdammt noch mal Ihren Mann. Oder Ihre Frau. Oder was auch immer. Aber stehen Sie!

KRIEGEN SIE DINGE GEBACKEN

Gut gemacht. Sie haben die Bausteine, mit denen Sie dafür sorgen, dass Ihr Leben weniger grässlich ist, richtig platziert. Ihr Fundament ist nun stabil. Sie sind entschlossener, weniger empfindlich und haben das Gefühl, für so ziemlich alles gewappnet zu sein. Es ist so, als würden Sie einen qualitativ hochwertigen Werkzeugkasten für Ihr Leben mit sich herumtragen.

Glückwunsch. Das ging ja schnell. Jetzt ist es aber an der Zeit, diesen Werkzeugkasten auch zu benutzen und all den Mist anzupacken, für den Sie nun gut gerüstet sind.

In diesem Kapitel finden Sie einige praktische Ratschläge für echte, handfeste Ergebnisse. Jetzt wird nicht mehr in Metaphern gesprochen. Keine Gleichnisse mehr.

Es sind Vorschläge, wie Sie die Dinge erledigen können, die getan werden müssen. Wie Sie die Sachen so einrichten, dass Sie sich auf das Wesentliche konzentrieren können.

Weiter hinten im Buch finden Sie einige *ernst gemeinte*, praktische Tipps wie: »Putzen Sie Ihr Badezimmer, Sie versiffter Faulenzer. Wenn mal jemand spontan bei Ihnen duschen muss, wird er sich danach nie wieder trauen, bei Ihnen zu essen.« Oder auch: »Unter dem Toaster sollten sich keine Spinnweben befinden« und »Wie man Menschen anspricht, die man nicht kennt, ohne dass es einem die Sprache verschlägt oder man rote Flecken im Gesicht bekommt«.

Doch um solche Tipps wirklich *umsetzen* zu können, müssen Sie erst wissen, wie man Dinge gebacken kriegt.

Im Grunde wissen Sie das doch schon längst. Sie sind ja kein Idiot und in der Lage, Anleitungen zu befolgen.

Oder etwa nicht?

Der große Unterschied zwischen dem Wissen, wie man etwas tut, und dem eigentlichen Tun ist: **Handeln**.

Handeln ist die Kunst, Dinge zu tun. Das hört sich etwa so an: *Rumms! Bumms! Schepper!*

Handeln (auch bekannt als »Durchführung«) ist das

Unterscheidungsmerkmal zwischen dem, was Ihnen Warren Buffett erzählt, und den Wahnvorstellungen Ihres Onkels Rudi, der behauptet: »Du solltest niemals in Aktien investieren. *Nur* mit klassischen Handelswaren lässt sich Geld verdienen.« Das ist derselbe Onkel Rudi, der im vergangenen Juli verhaftet wurde, weil er den Rucksack voll mit gestohlenem Katzenfutter hatte und drei Wochen später aus seiner Wohnung geschmissen wurde.

Handeln ist der Unterschied zwischen »Geht nicht, gibt's nicht« und »Was soll's, dann esse ich eben einen Döner«.

Und im Moment sind Sie ein fauler Döner-Konsument. Aber keine Sorge! Hilfe naht.

Um einer von den Menschen zu werden, die aufhören, darüber zu reden, was zu tun ist, und stattdessen einfach loslegen, müssen Sie lediglich das nächste Kapitel lesen. Wenn Sie danach das Gefühl haben, dass Ihnen noch Werkzeuge fehlen, um rauszugehen und Chef-Durchführer bei der »Handle jetzt GmbH« zu sein, dann lesen Sie das Kapitel ein zweites Mal. Denn wenn eine Sache es wert ist, über sie zu sprechen, dann kann man sie ruhig auch zweimal sagen.

Denn wenn eine Sache es wert ist, über sie zu sprechen, dann kann man sie ruhig auch zweimal sagen.

Wenn Sie nach zweimaligem Lesen immer noch nicht das Gefühl haben, bereit zu sein, spendiere ich Ihnen einen Döner. (Natürlich spendiere ich Ihnen keinen Döner. Wenn Sie das ärgert, tut es mir leid. Und wenn Sie wirklich *total* sauer sind, dass Sie keinen Döner bekommen, schlage ich vor, Sie lesen direkt im Kapitel »Gesundheit« weiter.)

Auf den Punkt gebracht sind es drei Schritte, wie Sie sich Ihre Zeit zurückerobern und produktiver werden können. Diese drei Schritte sind:

1. Identifizieren Sie all den Mist, den Sie erledigen sollen.
2. Finden Sie heraus, was davon Sie jetzt machen sollten und was Sie später erledigen können, welche Sachen andere Leute machen können und welche Sachen Sie eigentlich überhaupt nicht machen müssen.

Und:

3. Schreiten Sie dann zur Tat.

In diesem Kapitel lernen Sie, wie Sie sich von einem schluderigen, apathischen Wrack, das unfähig ist herauszufinden, was es tun muss, unfähig Dinge durchzuführen und völlig unfähig Dinge zu beenden, dafür aber immer zu spät kommt, in einen wahren Meister des Zeitmanagements verwandeln.

SETZEN SIE PRIORITÄTEN

Ihre Unfähigkeit, Dinge zu erledigen, fängt an, Ihnen Kummer zu bereiten. In der Spüle türmt sich schmutziges Geschirr, überall in Ihrer schmuddeligen Wohnung liegen Klamotten herum, Ihr Bauch wird zusehends dicker, weil Sie sich keine anständigen Mahlzeiten kochen und nicht ins Fitnessstudio gehen, und die kaputte Glühbirne im Hausflur hätte schon vor Monaten gewechselt werden müssen.

Kurz gesagt: Sie haben ein Problem damit, Ihre Zeit so zu managen, dass Sie Dinge, die unbedingt erledigt werden müssen, auch erledigen. **Sie brauchen ein System zum Setzen von Prioritäten**, um festzulegen, was sofort getan werden muss und was bis später Zeit hat.

Sie sagen: »Oh Gott, ich habe eine Million Sachen zu erledigen, und ich schaffe es noch nicht mal, mit der kleinsten anzufangen, weil ich total von der Rolle bin, und sobald ich mit einer Sache anfange, kommen fünf weitere dazu, und schon morgens, wenn ich aufwache, weiß ich nicht, **womit ich anfangen soll**!«

Hört sich das bekannt an?

Dann müssen Sie das auf die Reihe kriegen!

Sie werden überhaupt nichts gebacken kriegen, wenn Sie den lieben langen Tag nur darüber reden, was Sie alles erledigen müssen. Diese Informationen speichern Sie in Ihrem Kopf und **sind felsenfest davon überzeugt**, dass er der beste Ort dafür ist.

Aber wie sieht es in Ihrem Kopf aus? Sauber und ordentlich? Ist jede Erinnerung, jede Charaktereigenschaft, jede Aufgabe, an die Sie denken müssen, ordentlich sortiert und leicht zugänglich?

Oder herrscht ein heilloses Durcheinander in der klebrigen, grauen Masse, und die wirklich wichtigen Dinge streiten sich mit den profanen Dingen darüber, welche von beiden das Licht der Welt erblicken sollen?

Ich würde ja auf Letzteres wetten.

Und hier mein Lösungsvorschlag:

ein »*Brain-Dump*«, sozusagen eine Deponie für Hirnmüll.

»Brain-Dumping« ist das Schreiben einer Liste mit allen Dingen, die einem im Kopf herumschwirren. Entleeren Sie den Inhalt Ihrer Hirnwindungen auf einem *einzelnen* Blatt Papier und werfen Sie es nicht weg, bis Sie es durch das nächste ersetzt haben.

Anleitung:

1. Nehmen Sie ein Blatt Papier und einen dicken Filzstift zur Hand.
2. Schreiben Sie, ohne groß zu überlegen, all die **kleinen Dinge** auf, die Ihnen im Kopf herumgehen und die in nächster Zeit angegangen werden müssen. Dringende Sachen wie »überfällige Steuererklärung abgeben«, »Schuhe für das Vorstellungsgespräch putzen«, »für die Reise nächste Woche ein Visum für den Jemen beantragen«, »Laufschuhe ins Sportgeschäft zurückbringen, bevor die Umtauschfrist abgelaufen ist« und so weiter. Schreiben Sie *alles* auf. Sortieren Sie nichts aus, analysieren Sie nichts, und halten Sie nichts zurück. Zum Analysieren und Neusortieren ist später noch Zeit.
3. Machen Sie dann fünf Minuten Pause, und kochen Sie sich einen Ingwertee, legen Sie ein Puzzle oder drücken Sie einen Antistressball, um die Anspannung loszuwerden, die sich in Ihrer Hand aufgebaut hat, weil Sie zum ersten Mal seit Ihrer Schulzeit wieder einen Stift gehalten haben.
4. Nehmen Sie Ihr Blatt Papier und den Stift erneut zur Hand, und schreiben Sie jetzt alle *mittelgroßen Dinge* auf. Solche Sachen sind nicht ganz so eilig.

Es sind Dinge wie »Friederike kontaktieren und ihr endlich verzeihen, dass sie im vergangenen August das gleiche Outfit zu Luisas und Leos Hochzeit anhatte wie ich«, »sich einer Synchronschwimmermannschaft anschließen« oder »zum ersten Mal seit Jahren wieder ins Kino gehen«.

5. Machen Sie noch mal fünf Minuten Pause, und sprechen Sie mit Ihren Zimmerpflanzen. Das verbessert deren Wachstum. Wenn Sie keine Zimmerpflanzen haben, machen Sie sich deswegen nicht verrückt. Nicht jeder mag Zimmerpflanzen.
6. Wieder zurück zu Papier und Stift und einem letzten massiven Ablassen von Hirninhalt quer über die ganze Seite. Jetzt schreiben Sie die *großen Dinge* auf. Das sind Ihre Lebenspläne. Die Dinge, die das *große Ganze* betreffen. Genauso wichtig, aber nicht über Nacht zu verwirklichen. »Mit einem roten Londoner Doppeldeckerbus durch Addis Abeba fahren«, »einen Beststeller schreiben« oder »einen reichen Mann mit einer Herzerkrankung heiraten«.
7. Voilà! Und zack! Schon haben Sie eine **To-do-Liste**, bestehend aus **kleinen Dingen**, **mittelgroßen Dingen** und **großen Dingen**. Super!
8. Jetzt nehmen Sie sich ein zweites Blatt Papier und sortieren die Sachen nach Größe. Sie haben nun

keine **To-do-Liste** mehr, sondern einen **Lebensplan**. Ohne Witz, das hat jetzt nicht länger gedauert als 15 Minuten!

9. Fangen Sie an, Sachen zu erledigen. Beginnen Sie mit den *kleinen Dingen.* Erledigen Sie das, was ganz oben auf Ihrer Liste steht. Dann das nächste. Jedes Mal, wenn Sie etwas erledigt haben, streichen Sie den entsprechenden Punkt durch, und Sie werden ein noch nie da gewesenes Wohlgefühl angesichts der von Ihnen erreichten *Fortschritte* empfinden, da Sie jetzt diplomierter Dinge-Erlediger sind.

BRAIN-DUMPING-TECHNIKEN FÜR FORTGESCHRITTENE

Das Problem bei der ganzen Sache ist, dass Sie nie zu den *großen Dingen* kommen. Das Umsetzen der *großen Dinge* ist der Punkt, an dem diese bisher einfache Aufgabe anfängt, schwierig zu werden.

Machen Sie es sich jetzt gemütlich, und schaffen Sie zwischen Ihren Ohren Platz, um den nächsten Abschnitt zu verstehen.

Die *großen Dinge* auf der Liste – wie Karriereplanung und Geschlechtsumwandlung – lassen sich auf kleine Listen aufteilen. Wenden Sie bei den *großen Dingen* dieselben Brain-Dumping-Techniken an, und beobachten Sie, wie Sie dem Endergebnis jeden Tag ein Stück näher kommen.

Ein Beispiel:

Auf Ihrer ersten Brain-Dump-Liste stand: »einen älteren reichen Mann heiraten«.

Sie haben keine Ahnung, woher die Idee kam, aber Sie werden doch jetzt nicht wegdiskutieren wollen, dass das da steht. Schließlich ist die Idee großartig. Aber nicht so einfach, oder?

(Der nächste Schritt kann furchteinflößend sein, aber wenn Sie mir folgen, wird Ihr Weg Sie zu einem Haus mit Swimmingpool und Urlauben in St. Tropez führen.)

1. Nehmen Sie wieder ein Blatt Papier zur Hand, und schreiben Sie »So werde ich einen älteren reichen Mann heiraten« ganz oben hin oder auch »So werde ich mir meinen Lebenstraum erfüllen und Popcorn an den Vatikan liefern« oder andere *große Dinge*, die Sie sich als Ziel gesteckt haben.
2. Wiederholen Sie die oben besprochenen Schritte 1–9, konzentrieren Sie sich aber dieses Mal nur auf die Schritte, die nötig sind, um Ihr ultimatives Ziel einer aus Geldgier geschlossenen Zweckehe zu erreichen. So könnte es zum Beispiel sinnvoll

sein, zum Friseur zu gehen, um nicht mehr wie ein Sumpfmonster auszusehen, sondern eher wie eine 18-jährige Lolita. Vielleicht sollten Sie auch anfangen, sich in Golfclubs herumzutreiben oder sich von älteren wohlhabenden Freundinnen einladen zu lassen, damit man Sie befreundeten Junggesellen vorstellt.

3. Egal welche Schritte Sie auch erarbeiten, bedienen Sie sich bei der Durchführung derselben Techniken wie bei Ihrer ersten Liste. Klar, es werden noch mehr Listen dabei herauskommen, aber Sie werden auch mehr Spaß haben. Und zu guter Letzt werden Sie Nutznießerin eines reichen Erbes sein.

Wer hätte gedacht, dass Projektplanung so viel Spaß machen kann? **Also fangen Sie an – mit dem Aufschreiben, dem Brain-Dumping und der Durchführung!** Wir treffen uns in Ihrem Haus in St. Tropez wieder.

BEFREIEN SIE SICH VON DER GRÜBEL-LÄHMUNG

Ihre To-do-Liste ist jetzt fertig. Teufel auch, Sie haben Ihr ganzes *Leben* durchgeplant und sind wild entschlossen, dafür zu sorgen, dass *nichts*, noch nicht einmal Ihre sich überall einmischende Schwägerin, sich zwischen Sie und Ihre Träume drängen kann.

Aber Sie sind wieder in die Falle getappt und machen einfache Dinge kompliziert. Sie denken zu viel. Die Hartnäckigkeit, mit der Sie über jeden erwogenen Handlungsschritt *grübeln*, *lähmt* Sie.

Sie leiden an einer Grübel-Lähmung.

Die Grübel-Lähmung ist jener kräftezehrende Zustand, in den Sie geraten, wenn Sie darauf bestehen, alle möglichen Ergebnisse jeder einzelnen Handlungsvariante zu prüfen. Am Ende haben Sie es mit so vielen Schwankungen, Kombinationen und Eventualitäten zu tun, dass Sie die Fähigkeit verlieren, überhaupt mit etwas anzufangen.

Die Grübel-Lähmung, schön neudeutsch auch Analyse-Lähmung genannt, ist eine Krankheit, von der häufig Konzerne befallen sind, bei denen Entscheidungen von Arbeitsgruppen gefällt werden, die erst Machbarkeitsstudien, Kosten-Nutzen-Modelle und 18 Unterschriften verlangen, bevor die Toiletten gereinigt werden dürfen.

Von dieser Lähmung sind auch Menschen betroffen, die nach guten Ausreden suchen, um das, was sie zu tun vorhatten, dann doch nicht zu tun.

- »Ja, das werde ich mir mal ansehen.«
- »Was wären denn die Folgen davon?«
- »Da muss ich erst mit meinem Mann sprechen.«
- »Kalkulieren wir das doch zunächst mal durch.«

Dies alles sind Beispiele für die kräftezehrenden Symptome eines akuten Grübel-Lähmungs-Anfalls. Zur Überwindung eines solchen Anfalls ist es immens hilfreich, eine Entscheidung treffen zu können – und das können Sie doch inzwischen, oder?

Hier kommen einige Tipps, wie Sie sich von der Analyse-Lähmung befreien und zum tollsten Typen werden, der jemals auf Gottes Erde wandelte.

1. LAUFEN SIE ZU FUSS NACH CHINA

…oder sonst an einen fernen Ort, wohin sie nicht schwimmen müssen. Auch wenn Sie eher lauffaul sind: Als Sie im letzten Kapitel Ihren Lebensplan zu Papier brachten, haben Sie einen ersten Schritt gemacht. Der Sinn meines kleinen Gleichnisses geht dahin, dass Sie jede noch so große Aufgabe in kleine, leichter zu handhabende Schritte aufteilen können. Wenn Sie ein Problem in seine Einzelteile zerlegen, scheint es weniger furchteinflößend und leichter zu lösen.

2. PFEIFEN SIE AUF PERFEKTION

Der Perfektionsinfekt ist der große Bruder der Grübel-Lähmung. Und wenn es Ihnen gelingt, Letztere zu besiegen, macht Ersterer Sie fertig.

Das passiert, weil Sie zwar Dinge in Angriff nehmen, aber *Angst* davor haben, diese auch zu Ende zu bringen – oder als erledigt zu bezeichnen – bevor sie nicht *absolut perfekt* sind.

Haben Sie sich je im Schlafzimmer eingeschlossen und geweigert, Ihre Gäste zu begrüßen, weil Ihr Fenchel-Camembert-Soufflé nicht aufgegangen war?

Wahrscheinlich nicht, aber Sie sehen, worauf ich hinauswill. Wenn Sie nur dann abgeben können, wenn Ihr Produkt, Plan oder Soufflé Weltklasseformat hat, wird das nie was.

Vergessen Sie die Perfektion, und lernen Sie, sich mit weniger zu begnügen, 80 statt 110 Prozent sind doch auch prima.

Wenn Sie sich mit »das ist gut genug« zufriedengeben, werden Sie mehr Spaß haben, spontaner sein und weniger gemeines Getuschel hinter Ihrem Rücken hören.

3. MACHEN SIE WENIGER

Machen Sie Sachen nicht ohne guten Grund. Sie müssen beschneiden, reduzieren, einschränken, dezimieren und *eliminieren*.

Fünfzig Prozent aller Sachen, die Sie tun, müssen überhaupt nicht getan werden. Ist es *nötig*, dass Sie sich *neue Dinge* zulegen, wenn Sie sich eigentlich erst von *vorhandenen Dingen* trennen sollten? Sie besitzen jetzt schon zu viele Schuhe. Die Hälfte der Lebensmittel in Ihren Küchenschränken ist noch sehr gut genießbar, aber Sie haben sie seit Wochen nicht angerührt. Den Gang zum Supermarkt können Sie sich sparen. Die letzten 18 Bücher, die Sie gekauft haben, sind immer noch in Folie eingeschweißt? Halten Sie sich vom Buchladen fern.

Was ist mit der To-do-Liste, die Sie zu schreiben vorhaben? Es ist bereits die achte in dieser Woche. Müssen Sie sie schreiben? Oder werden Sie sie wieder genauso ignorieren wie die letzte? Entweder Sie ziehen durch, was Sie tun wollen, oder Sie lassen es bleiben. Nicht immer nur planen, planen, planen. Tun Sie's einfach.

Sie müssen sich nicht alles aufhalsen, was Sie sich aufhalsen. *Sie bilden sich nur ein,* dass Sie das tun müssen, was Sie im Begriff sind zu tun.

Zack! Und schon haben Sie 50 Prozent Ihres Tages zurückerobert.

4. LASSEN SIE SICH MEHR ZEIT

Ja! Hier kommt eine Offenbarung:

Die meisten Deadlines sind unwichtig.

Sie müssen etwas erledigen? Verschieben Sie es auf morgen. Was ist das Schlimmste, das passieren kann?

Sie: »Oje. Ich muss diese Kürbis-Ziegenkäse-Törtchen jetzt unbedingt backen, sonst geht die Welt unter.«

Ich: »Nein, das tut sie nicht.«

Nein, es ist nicht in Ordnung, Leute zu enttäuschen; also versprechen Sie nichts, was Sie nicht halten können, noch nicht mal Kürbis-Ziegenkäse-Törtchen. Doch je weniger Sie versprechen, desto mehr Zeit gewinnen Sie, und desto mehr werden Sie schaffen.

Zack zum Zweiten! Jetzt haben Sie mehr Zeit für Körperpflege, fürs Fitnessstudio und für Zungenküsse.

Sie haben es voll drauf.

SCHMEISSEN SIE IHREN FERNSEHER RAUS

Sie wollen also **mehr Sachen in kürzerer Zeit erledigen**? Das ist gut. Das ist die Art von Anreiz, die Sie auf den richtigen Weg zu einem perfekten Leben bringt, ein Leben mit ausgedehnten Mittagessen beim Italiener, einem dickeren Bankkonto und Ferien an Orten mit unaussprechlichen Namen.

Die gute Nachricht ist: Es gibt einen einzelnen, leichten *und* einfachen Schritt, mit dem Sie in kürzerer Zeit mehr Zeug gebacken kriegen. Dieser Schritt ist nicht im Geringsten kompliziert. Da draußen gibt es nicht einen einzigen Menschen, der ihn nicht schaffen könnte.

Außerdem gehen die mittelbaren Auswirkungen dieses *einen* kleinen Schritts sogar über das Abhaken von Erledigungen hinaus: Zu den Vorteilen gehören ein erfüllteres Liebesleben, mehr Zeit für die Kinder, eine bessere Kondition – und Ihr Sodbrennen, unter dem Sie seit sechs Jahren leiden, wird auch abnehmen.

Wenn Sie zu den Menschen gehören, die sich gerne »Inspiration« holen, haben Sie bestimmt eine Million Pläne für die Dinge, die Sie in Ihrem Leben tun wollen:

- Ihre Kinder zu Hause unterrichten.
- An Wochentagen vor Sonnenaufgang 60 Minuten Yoga. Am Wochenende Marmorkuchen.
- Schweine halten, als Haustiere oder zum Schlachten.
- Eine Biografie über Egon Schiele schreiben.
- Eine Vortragsreihe über nachhaltige Unternehmensführung und soziale Verantwortung halten.
- Eine CO_2-neutrale Transportmethode erfinden.
- In Cornwall die erste ganzheitliche Wellnessoase für Rennpferde im Ruhestand aufbauen.
- Einen Bestseller schreiben.
- Aber irgendetwas kommt eben immer dazwischen.

Ihre Pläne bleiben nur Pläne, auf Papierschnipsel gekritzelt, die in fusseligen Taschen, auf Nachttischen und unter Elternratgebern, Ernährungsratgebern und Ratgebern über effektivere nonverbale Kommunikation landen – alle gelesen, aber nie etwas davon umgesetzt.

»Das Problem ist«, sagen Sie, »dass der Tag einfach nicht genug Stunden hat. Ich muss die Kinder zum Golfunterricht und den Hund zur Pediküre bringen und habe keine Minute Zeit für mich. Gegen 21 Uhr, wenn die Kinder endlich im Bett sind, schaffe ich es gerade noch, nicht vor dem Fernseher einzuschlafen.«

Blah, blah, blah. *Wen interessiert's?*

Hier kommt die Lösung, wie Sie nicht vor dem Fernseher einschlafen und drei Stunden mehr Zeit pro Tag freischaufeln können. Hier kommt die einzige Sache, die Sie tun müssen, um mehr Stunden am Tag übrig zu haben als die, die Sie derzeit im Berufsverkehr verbringen:

Schmeißen Sie den Fernseher raus.

Das war es schon. Das ist so einfach wie in der Nase bohren. Also tun Sie es.

Befreien Sie sich vom größten Klotz an Ablenkung, der jemals erfunden wurde.

Schmeißen Sie Ihren Fernseher raus.

Das ist mein Ernst; tun Sie es **jetzt sofort**. Ziehen Sie den Stecker, vergraben Sie Ihren Fernseher im Garten und sehen Sie ihn nie wieder an.

»Aber, aber, aber …«, sagen Sie, bevor ich Sie mit einer ungeheuren *Wahrheit* unterbreche:

Wenn Sie das tun, was Sie schon immer getan haben, werden Sie derselbe übergewichtige, leistungsschwache Jammerlappen bleiben, der Sie schon immer waren.

Also schmeißen Sie Ihren Fernseher raus.

Haben Sie es schon getan?

Nein?

O.k. Ich kann warten.

Und jetzt?

Ja?

Gut.

(Lügner!)

Folgendes kommt dabei heraus, wenn Sie Ihren Fernseher rausschmeißen:

Sie gewinnen *massiv* freie Zeit, in der Sie an der Patentierung Ihres tierärztlich geprüften Geflügelföns arbeiten, ein Essstäbchen-Orchester gründen oder ein CT nachbauen können.

Wo Sie bisher in den Werbepausen gerade mal 15 Minuten erübrigen konnten, haben Sie jetzt jeden Tag *mindestens drei Stunden am Stück* Zeit, um Dinge zu erledigen.

Immer noch nicht überzeugt? Sind Sie zufrieden mit der Art, wie Sie Ihre Freizeit verbringen? (Es ist o.k. zu relaxen und nichts zu tun. Das ist o.k. Wirklich. Aber *Sie* müssen selbst davon überzeugt sein, dass es o.k. ist. Es hat keinen Sinn, wenn Sie sich einreden, dass es o.k. ist, sich aber heimlich für jede Minute hassen, in der Sie sich *Ich war ein Star, und keiner hat mich aus dem Dschungelcamp geholt* im Fernsehen ansehen.)

Sie sind zufrieden? Sie werden Ihr Recht auf Totalverblödung bis aufs Messer verteidigen? O.k. Aber überlegen Sie mal, wie Ihr Epitaph lauten soll. (Das ist die Inschrift auf Ihrem Grabstein. So was wie »Geliebter Vater, Tierfreund und meistens anwesender Ehemann«.)

Hätten Sie lieber:

»Erfinder, Autor, Industrieller, Weltreisender und unglaublich toller Liebhaber«

oder:

»Sie kannte die Namen aller Kandidatinnen bei Germany's Next Top Model.«

Aha. Das dachte ich mir.

DURCHTRENNEN SIE DAS COMPUTERKABEL

Gut gemacht. Sie haben drei Stunden am Tag gewonnen und schaffen sechsmal so viel wie vorher, weil Ihre Glotze, die einmal die Hälfte Ihres Wohnzimmers einnahm, jetzt in einem mannstiefen Loch im Garten vergraben ist, wo sie von Würmern gefressen und von Hunden angepinkelt wird. Sowieso der beste Ort dafür.

Aber es gibt noch einen anderen technischen Blödsinn, der Ihnen in die Quere kommt, wenn es darum geht, Dinge gebacken zu kriegen und das Leben in vollen Zügen genießen zu können. (Denn Sie haben es verdient, Ihr Leben zu genießen. Wenn Sie in dem Glauben erzogen wurden, dass es im Leben ums Arbeiten und Opferbringen geht und die Belohnung dafür später in einem Jenseits auf Sie wartet, für dessen Existenz es keine empirischen Beweise gibt, dann brauchen Sie etwas, was ich Ihnen hier nicht bieten kann. Begeben Sie sich unverzüglich in ein Kloster.)

Ich spreche von Ihrem Computer.

Das ist die kleine Kunststoffkiste voller Bytes, die in Ihrem Wohnzimmer, vielleicht in Ihrem Schlafzimmer und, wenn Sie ernsthaft abhängig sind, möglicherweise sogar in Ihrer Küche steht und Böses im Sinn hat.

Vielleicht leben Sie sogar in einem Haushalt, in dem es einen Computer pro Person und noch einen weiteren für die ganze Familie gibt. Das ist heute normal und zeitgemäß. Vergessen Sie dann bitte nicht, wenigstens einmal am Tag den Mund aufzumachen, um mit Ihren Angehörigen zu sprechen.

Es überrascht nicht, dass das ziellose Surfen im Internet ein größerer Zeitfresser ist, als wenn Sie bei Großtante Johanna und ihrer Sammlung von Spitzendeckchen sitzen und Kaffee trinken. (Nebenbei bemerkt, *surfen* Sie gar nicht im Internet. Nichts hat *weniger* mit Surfen zu tun als dieses wichsähnliche, stundenlange Mausgeklicke. Surfen ist eine dynamische Aktivität, die von flachsblonden, braun gebrannten Typen mit beneidenswerten Traumkörpern an der frischen Luft ausgeübt wird. Exzessive Internetnutzung ist hauptsächlich die Domäne von Teenagern mit strähnigen Haaren und dicken Hintern, die frische Luft wahrscheinlich nur dann erkennen würden, wenn man sie in Pixelform darstellen könnte.)

Das Internet als Produktivitätstool ist klasse. Richtig genutzt, können Sie damit viel Zeit sparen. Sie können Lebensmittel online bestellen, was Ihnen die schweißtreibende Tour zum Supermarkt erspart. Wenn Sie Ihre Finanzgeschäfte online tätigen, brauchen Sie nicht in Ihrer Bankfiliale in der Schlange zu stehen. Und natürlich hat das Internet den Pornomarkt liberalisiert. Heute können Sie mit ein paar Klicks gestochen scharfe Mädchen-mit-Mädchen-mit-Zwerg-Action kaufen, ohne viel Geld dafür zu bezahlen und ohne die Peinlichkeit, dass man sich im schmuddeligen Eckladen das Maul über Sie zerreißt.

Ja, das Internet hat durchaus seine Vorteile.

Aber es ist auch der größte zeitfressende Schwachsinn, den Sie je in Ihr Haus gelassen haben, seit ein Vertreter Ihnen den modularen Power-Sauger vorführen durfte. Es ist ein Zeitstrudel, ein schwarzes Loch, das Stunden verschlingt, im Tausch gegen einen Mausarm und permanente leichte Kopfschmerzen. Sie kennen das ja. Sie setzen sich an den Computer, um nur schnell eine Mail zu verschicken, und lassen sich sofort von einem urkomischen Video ablenken, in dem ein Kätzchen zur Titelmelodie der Markus-Lanz-Show eine Leiter hochklettert. Das Video hat Ihnen irgendeine ehemalige Mitschülerin zugeschickt, mit der Sie aber nie gesprochen haben, außer um ihr Geld für Kakao abzuschwatzen. Wenn Sie das nächste Mal auf die Uhr sehen, sind vier Stunden vergangen, und alles, was Sie vorzuweisen haben, sind eine Erinnerung an ein Video mit einem Baby, das seinem Bruder in den Finger beißt, ein Abo für einen Rohkost-Newsletter und eine Kreditkartenbelastung für acht Paar Strumpfhosen und ein Set zur Darmreinigung.

Und zu Abend gegessen haben Sie auch nicht.

Was für eine phänomenale Verschwendung der eigenen Lebenszeit.

Schränken Sie Ihre Internetnutzung ein, damit Sie mehr Zeit gewinnen.

Dazu müssen Sie Folgendes tun:

1. Befolgen Sie auf der Datenautobahn die gleichen (zugegebenermaßen laxen) Verhaltensregeln, die Sie auch in der realen Welt beherzigen.
Das wird funktionieren, wenn Sie normalerweise nicht täglich vor dem Schaufenster eines Elektronikfachmarktes stehen und sich Wiederholungen von *Verstehen Sie Spaß* ansehen, Hunderten von Menschen gleichzeitig erzählen, dass Sie zum Abendessen eine »leckere Ciabatta mit Avocado und Brie« hatten und danach unter völlig Fremden eine Umfrage durchführen, wie Sie am besten wieder mit Ihrem Freund zusammenkommen.

Das macht man normalerweise im Internet. Sie nicht mehr.

2. Verwenden Sie Ihren richtigen Namen.
Das hält Sie davon ab, sich in Foren einzuloggen und sich mit Menschen, die Sie noch nie gesehen haben, in unangebrachte Diskussionen über die Vorzüge Justin Biebers im Vergleich mit den Spice Girls zu verwickeln. Eine solche Konversation werden Sie im wahren Leben nicht führen, also sollten Sie das auch nicht im Internet tun.

3. Setzen Sie sich ein Zeitlimit.

Es geschieht sehr selten, dass wir einfach so in das Haus von Freunden hineinmarschieren können, die nicht da sind, um nach Herzenslust ihre Nachttische, die Schubladen mit der Unterwäsche und den kleinen Abstellraum unter der Treppe zu durchwühlen, wo sie den Staubsauger und das Schuhputzzeug aufbewahren. Es ist nur eine Frage der Zeit, bevor die Freunde zurückkehren und wir so tun müssen, als würde uns an solchen Dingen nicht das Entfernteste liegen. Unsere angeborene Neugierde wird von der tickenden Uhr des wirklichen Lebens gebremst.

Wenn Sie in einem Büro arbeiten, sind Ihre Möglichkeiten, Zeit zu verschwenden normalerweise genauso begrenzt (es sei denn, Sie sind Beamter). Sie müssen Ihre Arbeitszeit durch Ein- und Ausstempeln belegen und können nur während Ihrer 20-minütigen Kaffeepause irgendwelchen Blödsinn treiben.

Leider gelten für die Online-Welt nicht die gleichen Regeln. Das Ganze ist ein riesiger, zeitloser Spielplatz. Wenn Sie bei der Planung nicht mit militärischer Disziplin vorgehen, werden Sie die Schlacht verlieren.

Halten Sie sich an die oben genannten drei Regeln. Setzen Sie sich ein zeitliches Limit von 30, 45 oder auch mehr Minuten. Wenn Sie dann immer noch feststellen, dass Sie weniger Zeit mit Ihrer Familie verbringen als damit, Online-Poker zu spielen, muss ganz schnell etwas passieren. Eine Entzugsklinik wäre ein guter Anfang.

BEWEGEN SIE IHREN HINTERN AUS DEM BETT

Ihr gesellschaftliches Leben sollte mittlerweile ganz und gar nicht mehr ungesellig sein. Sie sehen nicht mehr fern. Die Zeit, die Sie im Internet verbringen, ist begrenzt. Sie haben Ihr Leben zurück!

Stehen Sie auf, und machen Sie das Beste daraus.

Das dritte **Geheimnis**, wie Sie Ihren Tag verlängern und die zur Verfügung stehende begrenzte Zeit sinnvoll nutzen können, ist *aufzustehen.*

Sie brauchen Schlaf. Sie sollten schlafen, wann immer Sie können. **Wenn Sie aber wach sind, stehen Sie auf**!

Frühes Aufstehen hat folgende Vorteile:

- Sie sind auf der Straße, bevor die Hunde der Nachbarn überall hingekackt haben.

- Da Sie früher bei der Arbeit sind, können Sie die Akten der Kollegin aus der Personalabteilung durchwühlen, um herauszufinden, warum Doris sich in letzter Zeit so oft freigenommen hat.
- Sie haben genug Zeit, all die Sachen zu ignorieren, von denen Sie glauben, dass Sie sie erledigen müssten, und sich stattdessen zwei zusätzliche Stunden für sich selbst zu gönnen. Lesen Sie auf der Toilette Zeitung, schreiben Sie der Frau Ihres Nachbarn einen Liebesbrief, oder bauen Sie aus einer Frühstücksflockenpackung und einer Toilettenpapierrolle ein maßstabsgetreues Modell des Eiffelturms. Die Möglichkeiten sind endlos.

Aber früh aufzuwachen kann auch ziemlich fies sein. Und was noch schlimmer ist: Wenn Sie es tatsächlich geschafft haben, früh *aufzuwachen*, ist es nötig, dass Sie Ihren Hintern aus dem Bett bewegen, damit Sie mit Ihrem Tag etwas Sinnvolles anfangen können.

Will man nicht verschlafen und keine Zeit mit Fummeleien unter der Decke verplempern, sind Kinder das beste Hilfsmittel. Während der ersten zwölf Lebensjahre sorgen sie *garantiert* dafür, dass Sie nicht zum Schlafen kommen, selbst wenn Sie es wollten.

Am Anfang müssen das weinende Baby beruhigt

und seine Windeln gewechselt werden, dann muss das Frühstücken überwacht, müssen Streits geschlichtet und Wehwehchen mit Pflastern und Küssen behandelt werden.

Aber Kinder sind keine leicht umsetzbare Lösung, es sei denn, Sie sind ein leichtsinniges fünfzehnjähriges Mädchen mit einem ebensolchen Freund.

Kinder bringen noch dazu ganz spezielle Zeitmanagementprobleme mit sich, und Sie werden feststellen, dass frühes Aufstehen *wegen* der Kinder auch bedeutet, den ganzen Tag mit ihrer Versorgung zu verbringen. Nie zuvor waren Sie produktiver, aber Ihre Produktivität konzentriert sich aufs Fläschchenwärmen, Wegwischen von Erbrochenem und Poabwischen.

Sie behaupten, Sie hätten Schwierigkeiten, morgens aufzustehen, aber Sie haben nie Probleme mit dem Aufstehen, wenn Sie es *müssen*. Wie viele Male haben Sie schon einen Flug in aller Hergottsfrüh verpasst? Nicht sehr oft, möchte ich wetten.

Das ist also der Schlüssel, um aus dem Bett zu kommen. Geben Sie Geld für einen Termin aus, den zu verpassen Sie sich nicht leisten können, und legen Sie ihn so früh wie möglich. Oder erzählen Sie Ihrem Chef, dass Sie um sieben Uhr in seinem Büro stehen werden.

Es ist unwahrscheinlich, dass Sie anrufen werden, weil Sie verschlafen haben, oder?

Hier haben wir wieder das Problem mit »einfach« und »leicht«. Machen Sie das einfache Vorhaben, aufzustehen, zu frühstücken und das Haus zu verlassen zur leicht umsetzbaren Aufgabe.

Verteilen Sie Wecker in Ihrer Wohnung, bitten Sie Ihre Mutter, Sie anzurufen. Tun Sie, was immer dafür getan werden muss, aber stehen Sie auf.

Nichts fühlt sich besser an, als wenn Sie den letzten Eintrag auf Ihrer To-do-Liste abhaken können und feststellen, dass es erst halb zehn am Morgen ist.

Stellen Sie sich vor: Sie könnten sich dann schon den ersten Martini genehmigen!

BITTEN SIE UM HILFE

Für wen halten Sie sich? Für Supermann?

Bitte Sie um ein bisschen Hilfe!

Sie glauben zwar nicht wirklich, dass es das Beste ist, die Dinge, die Sie tun müssen, allein zu tun, aber Ihnen gefällt der Gedanke, dass Sie eine »unabhängige Frau« sind – oder ein »Mann, der's draufhat«.

Ihr falscher Stolz hindert Sie an zwei Dingen:

- um Hilfe zu bitten und/oder
- angebotene Hilfe anzunehmen.

Stellen Sie sich folgende Situation aus dem wahren Leben vor:

Ihre preisgekrönten Koi-Karpfen müssen geimpft werden. Sie besitzen 200 dieser Burschen. Die glitschigen Fische zu fassen zu kriegen ist eine Sache, sie aber lange genug festzuhalten, um sie impfen zu können, eine andere. Sie arbeiten eine Methode aus und schätzen, dass Sie jeweils fünf Minuten benötigen werden, um einen Fisch mit dem Kescher zu fangen, ihn zu impfen, zu markieren und wieder freizulassen.

5 Minuten x 200 Fische = scheißlange

Und in fünf Stunden haben Sie mit der sexy Maklerin, die Ihnen das Haus verkauft hat, eine Verabredung zum Abendessen.

Sie müssen Folgendes tun:

Bitten Sie fünf Personen, Ihnen zu helfen.

Zack! Aus 17 Stunden Arbeit werden vier. Ihr Verstand ist gerettet, und Ihre Chancen, dass die eben erwähnte sexy Maklerin bei Ihnen einzieht, haben sich verdreifacht: Ein Leben in geistiger Harmonie und mit Frühstück im Bett wäre in dem Fall garantiert.

Einfach, oder?

Und das *wirklich* Schöne an diesem Trick ist, dass er nicht nur beim Impfen von Fischen funktioniert. Einkaufen, Hausarbeit, Briefumschläge zukleben, Daten eingeben, Hausbau, Urlaubsplanung und alles, was man tut, um Dinge zu erledigen, lässt sich verkürzen und angenehmer gestalten, wenn man Hilfe annimmt.

Wenn Sie keine Freunde haben, die Ihnen helfen, springen Sie direkt zum Kapitel *Beziehungen*, wo genau dieses Thema angesprochen wird.

Lassen Sie Ihren Stolz außen vor. Überlegen Sie einen Moment und vergegenwärtigen Sie sich:

Sie können nicht alles allein machen.

Wenn Sie keine Freunde haben, oder wenn Ihre Freunde genau solche Nichtsnutze sind wie Sie, ist es Zeit, sich an Profis zu wenden. Holen Sie sich jetzt keinen Kaffee, sondern lesen Sie sofort das nächste Kapitel.

BETREIBEN SIE OUTSOURCING

Sie haben sich selbst gegenüber die Verantwortung, sich auf die coolen Sachen zu konzentrieren. Zugegeben, wahrscheinlich werden Sie trotzdem arbeiten müssen, wenn Sie nicht wohlhabend geboren oder ein

Sozialhilfebetrüger sind. Arbeit nervt, aber wir brauchen sie, um all die coolen Sachen bezahlen zu können.

Und was sind die coolen Sachen?

Es ist vielleicht einfacher zu erklären, was *nicht* dazugehört. Bügeln, Wäschewaschen, Möbelpolstern, Abwaschen, Rasenmähen, Schuheputzen und Buchhaltung sind keine coolen Sachen.

Es sei denn, *Sie* definieren gerade diese Sachen als cool. Dann sind sie das auch. Super, wenn Knitterfalten entfernen, Wäsche bleichen, Stärken, Dampfbügeln und Glattstreichen Sie anturnt. Ich kann das sogar ein klein bisschen verstehen. Schließlich hat Wäschepflege auch einen therapeutischen Effekt.

Doch für die meisten Menschen sind diese Tätigkeiten alles andere als cool. Cool ist es, mit Freunden in der Kneipe zu sitzen. Cool ist es, sich mit den Freundinnen im Kino *Sex and The City Teil 6: Carrie lässt sich die Krampfadern veröden* anzusehen und anschließend eine Riesenportion Nudeln zu verdrücken. Cool ist es, aus weggeworfenen Kunststoff-Wellplatten Höhlen zu bauen, mit Bierdosen als Tormarkierungen Fußball zu spielen, Bücher über chinesische Liebesdienerinnen zu lesen, mit dem Bruder Ihres Ehemanns in die Badewanne zu steigen und die örtliche Landfrauengruppe mit Geschichten über Sie und Petru, den korsischen Barkeeper, zu schockieren.

Schon jetzt machen Sie mehr coole Sachen, denn Sie haben durch das Rausschmeißen des Fernsehers, das Durchtrennen der digitalen Nabelschnur, die Sie an das Internet fesselt, und dadurch, dass Sie Ihren Hintern früher aus dem Bett schwingen und Ihre Freunde für die Impfung Ihrer Karpfen einspannen, mehrere Stunden täglich gewonnen.

Jetzt begeben Sie sich auf die höchste Ebene von großartig. Wenn Sie diese letzte Technik anwenden, ist es, als würden Sie den großen roten Knopf drücken. Das hier ist nichts für Anfänger. Das hier ist das absolute *Nonplusultra*, mit dem Sie sich so fühlen werden, als ob Ying, die Masseuse, Ihnen den Rücken krault, während um Sie herum alle uncoolen Sachen erledigt werden.

Das liegt daran, dass Ihnen wirklich der Rücken gekrault wird, während um Sie herum alle uncoolen Sachen erledigt werden.

Das Geheimnis einer effektiven Umsetzung der Dinge, die Sie nicht machen wollen – egal ob Steuererklärung, Bügeln, den Gefrierschrank abtauen oder den Hund entwurmen –, ist, sie von jemand anderem machen zu lassen.

Delegieren Sie – und Sie werden sehen, dass sich Ihr Arbeitspensum merklich reduziert.

Übertragen Sie diese Aufgaben aber nicht an neidische Nachbarn und widerwillige Familienmitglieder. Wenn Sie das tun, werden besagte Personen denken, dass sie Ihnen einen Gefallen tun – oder schlimmer noch, sie haben das Gefühl, gezwungen zu werden –, und am Ende stehen Sie mit sechs Stunden Langeweile und Rückenschmerzen bei ihnen in der Kreide, wenn einer von ihnen das nächste Mal umzieht, oder Sie müssen als Wiedergutmachung für Ihren Mangel an Hilfsbereitschaft einen Apfelkuchen backen.

Nein, vergessen Sie Ihre Familie und Ihre Freunde. Wenn Sie anständig delegieren wollen, beauftragen Sie fremde Menschen. Und diese Leute müssen Sie dafür *bezahlen*, dass sie die Dinge tun, die sich mit Ihrem Leben als Rockstar nicht vereinbaren lassen.

Schließlich ist das der Grund, warum Sie arbeiten, richtig? Sie arbeiten, damit Sie sich um Ihre Familie kümmern können. Das heißt, wenn Sie deren Ansprüche an Essen, Heim und Kleider befriedigt haben, müssen Sie Zeit mit ihr verbringen.

Um Zeit mit der Familie verbringen zu können, ist es nötig, dass Sie weniger Zeit in das Schrubben des Badezimmers stecken.

Niemand blickt zurück in seine Kindheit und sagt: »Unser Haus war immer picobello sauber!« Stattdessen erinnert man sich: »Wisst ihr noch, wie wir mit Mama und Papa *Jurassic Park* im Kino sahen? Das war toll!«

Und das Gleiche gilt, wenn Sie keine Kinder haben. Sie sitzen den Großteil des Tages im Büro. Warum also zu Hause arbeiten? Würden Sie nicht lieber Bier trinken, Klatsch verbreiten, Kuchen essen oder reiten lernen?

Für ein paar Euro kommt jemand, der Ihren Hund trimmt, Ihre Teppichböden reinigt und das Zimmer Ihres pubertierenden Sohns sauber macht. Dafür braucht dieser Jemand etwa drei Stunden. Und dafür brauchen Sie an mindestens vier Tagen in der Woche nicht aufzuräumen.

Ich will damit nicht sagen, dass Sie *jede* Aufgabe delegieren sollen. Das werden Ihre Finanzen wahrscheinlich auch gar nicht zulassen. Doch Sie sollten zumindest bei den Dingen damit anfangen, die Sie wirklich hassen. Vielleicht raubt Ihnen ja der wöchentliche Trip zum Supermarkt jede Lebensfreude, und Sie würden sich lieber die Zehennägel ausreißen, als an der Kasse anstehen zu müssen? In diesem Fall schreiben Sie eine Einkaufsliste, und lassen Sie den Einkauf von jemand anderem erledigen. Verwenden Sie die gewonnenen eineinhalb Stunden dazu, sich mit einer Joghurt-Gurken-Maske zu verwöhnen.

Oder kommt Ihnen beim Gedanken ans Rasenmähen die Galle hoch?

Großartig, hierfür gibt es eine einfache Lösung. Bezahlen Sie einen Nachbarsjungen dafür, während Sie in der Zeit Ihren Gedichtband über Reisen ins Weltall beenden.

»Oh«, protestieren Sie entrüstet, »das ist völlig undenkbar für mich. Das gesamte Konzept der Haushaltshilfen finde ich regelrecht abstoßend. Es erinnert mich an Kolonialzeiten, in denen man sich Hausjungen hielt, die stets in der Nähe ihrer schnauzbärtigen Herren standen, ihnen Luft zufächelten und bei Bedarf Gin Tonic verabreichten. Für mich ist es undenkbar, einen anderen Menschen der Sklaverei zu unterwerfen!«

Springen Sie über Ihren Schatten. Es gibt da draußen Tausende und Abertausende von eifrigen, hart arbeitenden Individuen, die es zu schätzen wüssten, wenn Sie etwas von Ihrem sauer verdienten Geld in ihr Gehalt stecken würden. Egal was es ist – ob es darum geht, für Ihren Mann ein Geburtstagsgeschenk zu kaufen oder sich ein Geburtstagsgeschenk für Ihren Mann einfallen zu lassen oder aus einer Torte zu springen und das Geburtstagsgeschenk Ihres Mannes zu *sein* – es gibt da draußen Menschen und Organisationen, die Ihnen helfen können.

»Aber ich kann mir doch überhaupt kein Personal leisten«, erwidern Sie. »Ich verdiene nicht genug Geld.«

Vielleicht haben Sie recht. Aber wenn es um einen Job ginge, den Sie gar nicht erledigen könnten, selbst wenn Sie es wollten, zum Beispiel das Dach neu zu decken, Ihr Wohnzimmer neu zu verkabeln oder den Dachboden von Ungeziefer zu befreien, dann, wette ich, würden Sie das Geld dafür auftreiben.

Sie verfügen über die nötigen Ressourcen, Sie müssen sie nur sachgerecht verteilen. Ihre zwei wichtigsten Ressourcen sind Zeit und Geld. Beide sind wertvoll. Gehen Sie sparsam damit um.

WENDEN SIE DIE ACHT-MINUTEN-REGEL AN

Gut gemacht. Sie lassen die wirklich nervtötenden Jobs andere erledigen und spannen für zeitraubende Aufgaben Freunde ein. Jetzt zu dem, was übrig bleibt.

Das sind die kleinen Dinge, bei denen Sie zusehen,

wie sie sich anhäufen. Sie erledigen sie nicht, wenn Sie die Gelegenheit dazu haben, sondern warten auf den nächsten Produktivitätsschub, um sich ihrer anzunehmen. Diese Aufgaben, Jobs und Besorgungen ballen sich in der Küchenspüle, unter der Treppe oder im Schlafzimmer.

Sie lassen zu, dass diese Sammlung kleiner Dinge anwächst, bis sie Ihnen über den Kopf wächst. Dann bricht auf einmal hektische Betriebsamkeit bei Ihnen aus. Sie erledigen Dinge, waschen Autos, bringen Kleider in die Reinigung, schreiben Dankeskarten und desinfizieren Ihre Unterhosen. Und in der nächsten Woche beginnt der Kreislauf von Neuem.

Eine Berg- und Talfahrt.

Diese manischen Aktivitätsausbrüche erschüttern das solide Fundament Ihrer angestrebten Existenz als freundlicher, für jede Situation gewappneter Mensch, der nur das Nötigste tut.

Sie möchten die Art Gastgeber sein, bei dem Freunde ohne Voranmeldung hereinschneien können und eine Wohnung vorfinden würden, in der es keine Wäscheberge oder Katzenhaare gibt – und auch keine Küche, in der sich das Geschirr türmt. Aber Sie haben keine Zeit, Wäsche zu waschen und die Katzenhaare wegzusaugen.

Hier ein Vorschlag, wie Sie all diesen Mist in einem Bruchteil der Zeit erledigen können, die Sie durch die Entsorgung Ihres Fernsehers dazugewonnen haben. (Sie haben ihn doch rausgeschmissen, oder?)

Nehmen Sie sich die Aufgaben nacheinander vor, und wenden Sie die Acht-Minuten-Regel an.

Die meisten Dinge, die im Haus anfallen, lassen sich in weniger als zehn Minuten erledigen. Das ist wirklich wenig Zeit. Wenn Sie den Schlummerknopf an Ihrem Wecker auf Zehn-Minuten-Intervalle eingestellt haben, wissen Sie ziemlich genau, wie wenig Zeit das ist.

Aber. Es ist genug Zeit, um haufenweise Dinge zu erledigen:

- den Müll rausbringen – zwei Minuten
- die Spülmaschine einräumen – vier Minuten
- einen Raum staubsaugen – sieben Minuten
- eine Lieferung Mineralwasser bestellen – vier Minuten
- zwei Hemden bügeln – acht Minuten
- im Schlafzimmer alle herumliegenden Socken und T-Shirts aufheben und in den Wäschekorb tun – drei Minuten
- die Stromrechnung bezahlen – sechs Minuten

Wenn Sie kleine Kinder haben, sind acht Minuten sowieso das Maximum an Zeit, die Sie am Stück für sich haben. Räumen Sie in den ersten acht Minuten Wäsche in die Maschine und trinken Sie in den nächsten acht ein Glas Wein.

Wenn Sie heute Abend nach Hause kommen, sollten Sie in den acht Minuten, die Sie normalerweise bis zur *Tagesschau* verplempert hätten, *etwas tun*. Das wird nicht lange dauern (weniger als acht Minuten), Sie werden das beglückende Gefühl erleben, etwas erreicht zu haben, und Sie werden Ihrem Ziel, Ihren Haushalt im Griff zu haben, einen Schritt näher sein.

FAZIT: SIE SOLLTEN ETWAS TUN, UND DAS SOFORT!

Hören Sie auf, Sachen vor sich herzuschieben. Tun Sie etwas, und das sofort.

Die Schuhe müssen geputzt werden? Tun Sie 's.

Der Müll muss rausgebracht werden? Tun Sie 's.

Der Abwasch muss gemacht werden? Tun Sie 's.

Lesen Sie dieses Kapitel nicht zu Ende. Stellen Sie sofort das Lesen ein, und tun Sie, was getan werden muss.

Keine Ausreden.

Überlegen Sie nicht lange, was getan werden muss, sondern suchen Sie sich eine Sache aus und erledigen Sie sie. Verbringen Sie nicht Stunden mit dem Sortieren und Organisieren von Sachen, sondern erledigen Sie einfach eine Sache. Sofort.

Zu den Dingen, die Sie auf der Stelle in Angriff nehmen *können*, gehören:

- Rechnungen bezahlen
- einen Kunden anrufen
- Ihren Schreibtisch abwischen
- Wäsche waschen
- Laufen gehen

Zu den Dingen, die Sie nicht sofort in Angriff nehmen sollten, gehören:

- Kaffeepause machen
- Zigarettenpause machen
- einen Freund anrufen
- in der Nase bohren und Löcher in die Luft starren

Wenn Sie heute *zwei* Dinge erledigt bekommen, sind das bereits *zwei* mehr als gestern.

Mannomann! Sie haben den Weg zum Erfolg eingeschlagen!

Kriegen Sie Sachen gebacken. Hören Sie mit dem Lesen auf. Tun Sie etwas.

Bis morgen.

ODER TUN SIE NICHTS

Das ist die Alternative zu »Tun Sie etwas«.

Vielleicht sind Sie bis hierhin gekommen und sagen sich: »Was zum Teufel soll denn das? Ich dachte, in diesem Buch geht es darum, dass man das Leben nicht so ernst nimmt. Ich wollte hören, **dass es o.k. ist, wenn ich etwas nicht machen will**. Was sollte das ganze Kapitel über das Erledigen von Dingen? Es gibt haufenweise Sachen, die ich nicht machen will. Ist das vielleicht nicht o.k.?«

Natürlich ist das o.k. Sie müssen entscheiden, was getan werden muss – und was nicht. Sie müssen sich nur vor sich selbst rechtfertigen, es sei denn, Sie sind verheiratet oder leben mit jemandem zusammen. In diesem Fall müssen Sie sich auch vor anderen verantworten.

In vielen Fällen werden Sie feststellen, dass Sie sogar *für* eine ganze Menge Dinge verantwortlich sind, die dem anderen Menschen in Ihrer Beziehung passieren. Bleibt Ihre Frau zum Beispiel mit dem Absatz im Gullideckel hängen, sollte es Sie nicht überraschen, wenn Sie Verantwortung übernehmen müssen. Ihr Freund hat sich beim tollen Junggesellenabschied seines besten Kumpels an einen Laternenpfahl gekettet und den Schlüssel verloren? Gehen Sie davon aus, dass Sie Verantwortung übernehmen müssen.

Außerdem sind Ihre Verantwortlichkeiten, wenn Sie Kinder oder eine Familie oder Freunde haben, die Ihnen wirklich am Herzen liegen, etwas tiefer gehend, als wenn Sie mit einer Sammlung Manga-Pornos und einem Flipperautomaten zusammenleben.

Wenn Sie also die bisherigen Kapitel gelesen haben und sich sagen: »Ich brauche eine Bestätigung für all die Dinge, die ich *nicht* tue«, dann gebe ich sie Ihnen. Bitte schön. Da haben Sie sie.

Sie müssen nichts. Sie müssen nicht dafür sorgen, dass die Glühbirnen bei Ihnen zu Hause funktionieren. Es ist allein Ihre Entscheidung, ob Sie in einem Haus leben wollen, dessen Mülleimer überquellen und in dem sich eine Ameisenkolonie Territorialkämpfe mit Ratten und Füchsen liefert. Aber seien Sie mal ehrlich. Wollen Sie das wirklich? Ich glaube kaum.

Es kann natürlich sein, dass ich falschliege. Vielleicht sind Sie ein wahrer Nihilist. Vielleicht betrachten Sie es als Ihr von Gott gegebenes Recht, sich in Insektenhinterlassenschaften und Mäusekot zu wälzen. Vielleicht wollen Sie auf diese Weise ein Bekenntnis zu Ihrer Umwelt abgeben. Vielleicht hätten Sie gern Sex mit der Frau vom Gesundheitsamt, die einmal pro Woche bei Ihnen zu Hause auftaucht, weil die Nachbarn sich darüber beschwert haben, dass die Ratten mittlerweile so groß wie Kaninchen sind. Ist das der Fall, dann ist das o.k.

Aber das ist nicht der Fall, oder? Tatsächlich überkommt Sie jedes Mal ein Schauer des Selbsthasses, wenn Ihr Blick auf Ihre Zahnbürste fällt, die Sie seit vier Monaten nicht gewechselt haben, oder auf die Seifenschale, an der Haare und Zahnpasta kleben. Menschenskind, kriegen Sie das um Himmels willen auf die Reihe.

Sie müssen neu definieren, was wichtig ist, und dann danach handeln. Und wenn Sie die kleinen Dinge erledigen, die nicht unmittelbar Spaß bringen, hat auch das eine Bedeutung, denn wenn Sie die erledigt haben, können Sie mehr von den großen Sachen angehen, die wirklich klasse sind.

Aber wenn Sie die Diskussion noch einen Schritt

weiter treiben möchten und Sie wirklich nicht mehr tun wollen, als für Ihr Überleben notwendig ist, passt vielleicht die folgende Beschreibung auf Sie:

Sie stehen jeden Tag auf, frühstücken und gehen zur Arbeit. Sie wollen keinen Stress. Sie tun, was Ihr Chef von Ihnen verlangt, weil Ihr Leben so nicht unnötig erschwert wird. An den Freitagabenden treffen Sie sich mit Arbeitskollegen auf einige Runden Billard und ein paar Bier. Die Wochenenden sind für Freizeit und Erholung da. Freizeit und Erholung sind die wichtigsten Dinge im Leben eines Mannes. (Besonders wenn er noch jung ist. Treffen Sie aber ein paar Vorsichtsmaßnahmen. Nichts kann Ihre Pläne schneller zunichtemachen als eine ungewollte Schwangerschaft.) Sie gehen angeln, trinken noch ein paar Bier und spielen noch mehr Billard. Sie hängen im Freibad ab.

Kann es sein, dass das hundertprozentig auf Sie zutrifft? Na wunderbar! Denn – und das ist mein bitterer Ernst – das ist es doch, wonach die meisten von uns streben: ein stressfreies Leben, ohne große Sorgen oder einen Chef, der uns anschnauzt; ein Leben, in dem wir Zeit für unsere Kumpels haben, Fußball spielen, in der Sauna schwitzen oder tun, worauf immer wir Bock haben.

Es gibt da eine interessante Geschichte. Sie handelt

von einem amerikanischen Geschäftsmann und einem Fischer aus Jamaika. Es ist eine lange Geschichte, und ich habe keine Lust, sie hier zu wiederholen. (Um die Wahrheit zu sagen, wiederhole ich sie auch deshalb nicht, weil ich nicht herausfinden konnte, wer sie ursprünglich verfasst hat, und ich nervige Streitigkeiten wegen möglicher Copyright-Verletzungen vermeiden will. Eines Tages werde ich steinreich sein, und ich will nicht, dass mir ein geldgeiler Scharlatan alles wieder abnimmt, nur weil ich eine seiner langweiligen Geschichten in meinem Buch verwendet habe.)

Da ist auf jeden Fall ein junger Fischer, dessen Leben folgendermaßen aussieht: Am Morgen fängt er ein paar Stunden lang Fische, dann hängt er bei seiner Familie ab, hört Reggae, trinkt ein paar eiskalte Bier, kickt barfuß am Strand und tut, was karibische Männer dem Klischee nach sonst noch so tun. Ein amerikanischer Geschäftsmann sieht den Fischer eines Morgens, als dieser seinen Fang einholt, stellt ihm einige Fragen und skizziert dann, wie die nächsten 20 Jahre im Leben des jungen Fischers aussehen könnten. Auf den ersten Blick ist das ein attraktives Angebot. Als Gegenleistung für eine Beteiligung an der Firma und sein Know-how im Fischfang will der Geschäftsmann in die Aufstellung einer kleinen Flotte aus Fischerbooten investieren. Die Firma wird wachsen, später zum börsennotierten Unternehmen, und der junge Fischer kann sich nach 20 Jahren harter Arbeit mit 40 zur Ruhe setzen.

»Und was mache ich dann?«, fragt der junge Fischer.

»Dann, mein Freund«, antwortet der amerikanische Geschäftsmann, »dann kannst du dich auf Jamaika zur Ruhe setzen, Fische fangen und mit deiner Familie abhängen.«

Kurzum – was Sie jetzt machen, ist o.k., wenn Sie mit dem, was Sie tun, zufrieden sind und anderen nicht die Tour vermasseln.

Es ist o.k., selbst dann, wenn Sie nichts tun.

UMGANG MIT ANDEREN MENSCHEN

Weiter hinten im Buch werden Sie etwas über Beziehungen lernen, echte Beziehungen mit wichtigen Menschen. Sie werden etwas über die Art von Beziehungen erfahren, die mit Emotionen und dem Austausch von Körperflüssigkeiten zu tun haben, aber auch mit Streitereien darüber, wer mit dem Müllrausbringen dran ist.

Doch zunächst brauchen Sie einen Crashkurs in Sachen Kommunikation. Kommunikation ist die Wissenschaft des Sich-anderen-Mitteilens in mündlicher oder schriftlicher Form, zum Beispiel per SMS oder mit Rauchzeichen. Um mit anderen Menschen zusammenzuleben (was Sie tun, es sei denn, Sie haben sich dazu entschieden, in einer Höhle zu sitzen und auf Moos herumzukauen, während Sie gegen die Gedankenkontrollexperimente der Regierung wettern), müssen Sie mit ihnen sprechen.

Das ist nicht immer leicht, aber es gibt Kniffe, mit denen man es schaffen kann. Im Folgenden werden einige davon vorgestellt.

SEIEN SIE NICHT SO EMPFINDLICH

Fühlen Sie sich durch die Worte und Handlungen anderer schnell angegriffen? Sind Sie schnell verärgert, eingeschnappt oder aufgebracht? Neigen Sie zu Überreaktionen und schreiben Sie dauernd Leser- oder Zuschauerbriefe an Zeitungen und Fernsehsender? Rasten Sie bei folgenden Situationen zumindest innerlich ein wenig aus:

- wenn Sie Zeuge von Blasphemie werden?
- wenn Jugendliche in Nichtraucherbereichen rauchen?
- wenn im Fernsehen Vulgärsprache gebraucht wird?
- wenn Menschen, die es eigentlich besser wissen sollten, in Batik-Jeans und grellrosa Hawaiihemden in Ihrem Golfclub aufkreuzen?
- wenn Ihre Schwiegermutter sich herablassend über Ihre Gardinenwahl äußert?

Ja? Kriegen Sie sich wieder ein!

Gewöhnen Sie sich Ihre Empfindlichkeit ab. Oder sind Sie eine Drama-Queen? Haben Sie es nötig, aus der kleinsten Provokation eine Staatsaffäre zu machen, damit Ihr Leben interessant bleibt? Sind Sie süchtig nach Aufmerksamkeit? Worum geht es dabei? Was sind Ihre Beweggründe?

Hören Sie auf der Stelle damit auf. Überempfindlichkeit wird Sie über kurz oder lang umbringen. Sie löst bei Ihnen Stress aus, und Stress steht weltweit als Todesursache bei ansonsten gesunden Männern und Frauen an erster Stelle (na ja, vielleicht auch nicht). Sorgen töten.

Im Ernst, wann hat Ihr Aufgebrachtsein Ihnen das letzte Mal Vergnügen bereitet und Ihnen etwas greifbar Positives eingebracht?

Wie war das noch, als der Kellner Ihnen die Suppe über die Hose kippte? Sie haben sich aufgeregt. Es war keine große Sache, aber diese *total banale Angelegenheit* hat Sie so verärgert, dass ein eigentlich schönes Mittagessen mit einem alten Freund sich zu einem peinlichen Hin und Her mit dem Personal über die Rechnung für die Reinigung entwickelte. Wenn jemand Sie nervt oder ein zufälliges Ereignis ohne große Bedeutung Ihre Welt erschüttert

- regen Sie sich auf, Ihr Blutdruck steigt, Sie verplempern viel Zeit damit, sich zu ärgern, und verkürzen Ihre Lebenszeit um sieben Minuten.
- interessiert das alle anderen einen Dreck.

Nun geht es zugegebenermaßen nicht darum, was andere Menschen denken, und Sie sind vor allem auch gar nicht in der Lage, die Gedanken anderer zu lesen, aber wenn Sie sich über das Verhalten anderer Menschen aufregen, passiert eben Folgendes:

Sie regen sich auf. Und das war's.

Es gibt viele Dinge im Leben, für die es sich lohnt zu kämpfen und über die man sich aufregen sollte. Sie haben jedes Recht, in folgenden Situationen verletzt zu reagieren:

- Robert sieht Sie schief an und sagt: »Du bist bloß unnütze Platzverschwendung.«
- Jutta erklärt, Ihre Kinder hätten ihrer Meinung nach ein Gesicht, das nur die eigene Mutter lieben kann.
- Ernst borgt sich Hunderte Euro von Ihnen und erklärt zwei Wochen später, er hätte nicht vor, Ihnen das Geld wiederzugeben.
- Sie entdecken Ihren Namen unter der Überschrift »Was für ein Idiot« in der Zeitung.

Im Allgemeinen sind andere Menschen aber nicht darauf aus, Sie zu verletzen. Wenn jemand etwas sagt, das Sie auf die Palme bringt, stellen Sie sich die Frage, ob Sie es als Ignoranz, Dummheit oder Tourette-Syndrom abtun können. Meistens lautet die Antwort darauf: *Ja*.

Sie sollten sich fragen: »Hat diese Person so gehandelt, weil sie mich ärgern wollte, oder ist dies lediglich ein Mensch, der die Dinge anders angeht als ich?«

Normalerweise ist die Antwort hierauf: »Nein, dieser Mensch hatte nicht vor, mich zu ärgern, deshalb werde ich mich auch nicht aufregen.« Andere Menschen sind oft dumm. Schieben Sie es auf die Dummheit. Da können Sie doch mal nachsichtig sein, oder? Bei den wenigen Malen, wo die Antwort »Ja, ich glaube, er wollte mich tatsächlich ärgern« ist, sollten Sie den Köder nicht schlucken. Lächeln Sie, nicken Sie und sagen Sie irgendetwas leicht Herablassendes, aber Harmloses. Tun Sie diesen Bastarden nicht den Gefallen zu erleben, wie Sie sich ärgern.

Wenn Sie immer noch geneigt sind, sich auf einen Streit einzulassen, weil Ihr Leben ohne Drama nicht komplett wäre, sei 's drum. Ich bin nicht hier, um Ihnen vorzuschreiben, was Sie zu tun haben (auch wenn Sie sich zum Deppen machen).

Diese Entscheidung, nicht übelzunehmen, was jemand gesagt oder getan hat, mag schön und lobenswert sein, aber noch viel wichtiger ist folgender Punkt beim zwischenmenschlichen Umgang: **Was andere Menschen denken ist unwichtig**. (Das mag sich etwas egoistisch anhören, aber die meiste Zeit stimmt es. Wenn Sie kein gefühlloser Frauenhasser sind, sollten Sie allerdings die berechtigten Ansprüche Ihrer Frau auf Aufmerksamkeit erfüllen.)

Wenn Robert also meint, Sie wären bloß unnütze Platzverschwendung, sei 's drum. Und tschüss, Bobbel. Doch Sie können nur wissen, ob Robert das denkt, wenn er es Ihnen wirklich direkt ins Gesicht sagt. Ihre gesammelten **Einschätzungen dessen, was in den Köpfen anderer Menschen vorgeht, sind viel öfter falsch als richtig**.

Nehmen Sie folgende Beispiele:

SITUATION NR. 1

Sie gehen eine belebte Straße entlang, auf der lauter coole Leute abhängen und in der Sonne Frappuccinos schlürfen. Sie tragen, fröhlich pfeifend, Ihre Lebensmitteleinkäufe vor sich her, bis Sie plötzlich flatsch! auf einem fies positionierten Haufen Hundescheiße ausrutschen. Sie landen auf dem Hosenboden, Ihre

Lebensmittel kullern überallhin, und Sie schlagen sich zu allem Überfluss die Lippe auf.

Sie denken: »Oh Gott, oh Gott, oh Gott, ich sehe aus wie ein Vollidiot. Oh Gott, ich bin voller Hundescheiße, und jeder kann sehen, was für billige Lebensmittel ich einkaufe. Oh Gott, oh Gott, ich werde diese Peinlichkeit und diese Demütigung niemals überleben, und wer mich gesehen hat, wird mich in Zukunft immer mit dem beschissenen Ausrutscher mitten auf der Straße in Verbindung bringen. Oh Gott, mein Leben ist ruiniert.«

Alle anderen denken:

»Die Ärmste. Hoffentlich hat sie sich nicht verletzt.«

SITUATION NR. 2

Sie haben sich endlich ein Herz gefasst und die sexy Bibliothekarin gefragt, ob sie mit Ihnen essen gehen würde. Nachdem Sie sich monatelang den Kopf zerbrochen haben, um elegant über das Thema englische Literatur zu flirten, haben Sie Ihren Stolz heruntergeschluckt, die Initiative ergriffen und sie gefragt, ob sie mit Ihnen ausgeht, und, unglaublich, sie hat Ja gesagt! Sie haben zwei Stunden im Bad verbracht. Sie haben Ihr bestes Hemd gebügelt, und Sie sehen echt heiß aus, bis Sie bei einem letzten prüfenden Blick in den Spiegel feststellen: Oh Gott! Sie haben einen riesigen Pickel unter der Nase. Aber es ist zu spät, um etwas dagegen zu tun. Unten wartet das Taxi. Sie nehmen am Restauranttisch Platz und sehen zu, wie der Abend auf eine Katastrophe zusteuert.

Sie denken:

»Mist! Ich habe meine Chance total verpatzt. Sie hält mich für einen kompletten Versager, weil ich mit einem verfluchten Pickel zum Abendessen auftauche. Aber da er meine Visage nicht ewig verunzieren wird, werde ich ihn nicht erwähnen. Ich werde mich redlich bemühen zu ignorieren, dass er da ist, und ihn beiläufig mit meiner Hand abdecken und dabei brillante Konversation betreiben, um die Situation zu retten.«

Sie denkt:

»Er scheint wirklich ein intelligenter Typ zu sein. Die Art Mann, die ich gern mit nach Hause nehmen würde, um nächtelang mit ihm zu vögeln. Aber ich wünschte, er würde aufhören, an dem winzigen roten Punkt unter seiner Nase zu reiben. Der wird röter und röter.«

SITUATION NR. 3

Sie sind in der coolsten Bar der Stadt. Sie haben eine halbe Flasche Champagner getrunken und die letzten beiden Stunden damit verbracht, mit einem Werbemanager, den Sie gerade kennengelernt haben, auf dem Klo Kokain zu schnupfen.

Sie denken:

»Mann, ich bin heute in großartiger Form. Ich sehe gut aus, fühle mich gut, und meine Konversation ist brillant. Ich bin ein selbstbewusster, offener junger Mensch in der Blüte seines Lebens und der beste Anekdotenerzähler, den man sich nur denken kann. Ich werde mich jedem in der Bar vorstellen.«

Alle anderen denken:

»Was für ein Idiot.«

In jeder dieser Situationen lagen Sie falsch, und zwar ziemlich. Tatsächlich liegen Sie öfter falsch als richtig.

Wenn es um die Gedanken anderer Menschen geht, haben Sie keine Ahnung, wovon Sie sprechen. Sie sind absolut nicht in der Lage, aufgrund des Rauschens und Klickens zwischen den Ohren der Menschen, die nicht Sie sind, Entscheidungen zu treffen. **Also lassen Sie es sein.**

Konzentrieren Sie sich auf sich. Konzentrieren Sie sich auf all das, was Sie selbst kontrollieren können. Sie haben eine Liste mit den wichtigen und den unwichtigen Dingen vorliegen. Konzentrieren Sie sich auf die wichtigen Dinge.

Seien Sie nicht so empfindlich, das wird Sie über kurz oder lang umbringen. Und finden Sie im Umgang mit anderen Menschen heraus, was diese denken, indem Sie sie *fragen*. Das sollten sie Ihnen dann schon sagen.

NIEMAND SAGT IMMER DIE GANZE WAHRHEIT

Aha. Da ist das Problem mit »sollte«, nicht wahr? Es bedeutet nicht das, was es zu bedeuten scheint.

Sie bitten andere Menschen, Ihnen offen zu sagen, was sie denken, aber das tun sie nicht. Sie werden es vermeiden, werden ausweichen und sich herauswinden.

Und hier der wirkliche Schocker: **Menschen sagen nicht immer die ganze Wahrheit.** *(Sie auch nicht.)*

Sie flunkern, lügen und enttäuschen. *(Sie auch.)*

Aber das juckt Sie überhaupt nicht! Sie haben bereits Ihre Erwartungen heruntergeschraubt und vermeiden Enttäuschungen, indem Sie solchen Situationen nach Möglichkeit aus dem Weg gehen.

Die Wahrheit ist, dass wir alle von einem uns innewohnenden Selbsterhaltungstrieb gesteuert werden. Das bedeutet, dass wir unsere Äußerungen an die jeweilige Situation anpassen. Sie belügen sich sogar die ganze Zeit selbst. Sie sagen: »Ich gehe morgen ins Fitnessstudio« oder »Ich werde mit dem Rauchen aufhören« oder »Ich werde am Wochenende nicht meine E-Mails checken« oder »Ich interessiere mich wirklich für postmoderne Architektur und werde mehr über Frank Gehry lesen« oder »Es stört sie nicht, wenn ich noch ein Bier trinke«.

Sie werden daher wohl zustimmen, dass Sie, da Sie sich selbst so bereitwillig und dreist belügen, nicht von anderen erwarten können, Ihnen die Wahrheit zu sagen. Selbst die Menschen, denen Sie am meisten am Herzen liegen, belügen Sie. Erinnern Sie sich an Ihre Kindheit, als Ihre Mutter zu Ihren Ballettaufführungen kam und Ihnen erzählte, wie wunderbar Sie gewesen wären? Schätzchen, sie fand nicht, dass Sie wunderbar waren. Es gefiel ihr überhaupt nicht. Natürlich bereitete es ihr *Freude*, Sie glücklich zu machen, aber die eigentliche Aufführung? War furchtbar! Und obwohl Mama ihren Blick niemals von der Bühne abwandte und er während Ihres gesamten Tanzauftritts auf Ihnen ruhte, beschäftigte sie ein Gedanke: »Vielleicht sollten wir es mit Reiten versuchen. Sie ist eine wirklich miese Balletttänzerin.«

Wir lügen aus Freundlichkeit. Und wir lügen, um uns selbst zu schützen.

- »Nein, Herr Wachtmeister, ich dachte, ich hätte die Geschwindigkeitsbegrenzung eingehalten.«
- »Ich habe das Handy nicht bei einem Shoppingsender gekauft.«
- »Ich habe meinen Abschluss als Abwasseringenieur mit Auszeichnung gemacht.«
- »Ich bin der beste Mann für diesen Job.«

Besonders Männer lügen im Hinblick auf ihren Alkoholkonsum die ganze Zeit. Als wir jung waren, prahlten wir damit, wie viel wir doch vertrügen, und behaupteten, dass wir acht Bier gekippt hätten, obwohl es in Wahrheit nur drei waren. Wir durften den anderen Jungs ja in nichts nachstehen. Heute sind wir älter, verheiratet und haben Kinder. Folglich erzählen wir, wenn wir den ganzen Nachmittag in der Bar gesessen haben, immer, dass wir nur zwei Bier getrunken hätten. Das bedeutet nicht, dass wir unsere Familie nicht lieben.

Doch was ist mit den Leuten, die Sie nicht so gut kennen? Glauben Sie ihnen nicht. Bilden Sie sich Ihr eigenes Urteil über Menschen, aber tun Sie das nicht auf der Grundlage dessen, was diese Sie glauben machen wollen. Von all denen, die Ihnen erzählen, wie toll sie sind, bevor Sie die Möglichkeit haben, das selbst herauszufinden, ist vielleicht keiner das Gelbe vom Ei. **Trauen Sie Ihrem eigenen Urteil, und erwarten Sie nicht, immer die Wahrheit zu hören, oder Sie werden enttäuscht werden.**

SAGEN SIE, WAS SIE MEINEN

Mit dieser Flut an Unwahrheiten umzugehen ist schwierig. Was andere Menschen sagen, oder wie sie denken und handeln, können Sie nicht kontrollieren, aber Sie können kontrollieren, was *Sie* sagen und tun.

Lernen Sie, Dinge offen auszusprechen, und sagen Sie, was Sie meinen. Vielleicht lösen Sie damit ja einen neuen Hype aus.

Momentan sind Sie eine Memme. Sie haben Angst vor Direktheit. Sie neigen dazu, ständig um wichtige Probleme herumzueiern oder schwierigen Fragen auszuweichen.

Sie hören sich selbst sagen: »Nein, das hört sich toll an«, wenn Sie eigentlich denken: »Würg! … Da würde ich mich lieber auf eine heiße Herdplatte setzen.«

Wenn Sie als auf beiden Beinen stehender und mit einem Rückgrat ausgestatteter Mensch nicht für sich selbst eintreten, hat das zur Folge, dass Sie die Zeit damit zubringen, es anderen Menschen recht zu machen, und sich selbst dabei vernachlässigen.

Hier kommt mein Rat für Sie: **Sagen Sie, was Sie meinen!**

Ein Tag hat nur eine begrenzte Anzahl von Stunden. Eigentlich sind es 24, aber nachdem Sie Ihre Zeit mit Büroarbeit, Geschirrspülen, dem Kühlen von Wespenstichen und Windelnwechseln vertrödelt haben, kommen unterm Strich wesentlich weniger nutzbare Stunden pro Tag raus.

Neben dem Befolgen all der Zeit schaffenden Ratschläge, die Sie bereits aus diesem Buch mitgenommen haben, können Sie Ihre Zeit auch dadurch sinnvoller nutzen, dass Sie jedes Vorgehen mit einer brutalen und schonungslosen Offenheit einleiten.

Lautet die Frage: »Hast du Lust, mit mir zusammen Pilze fürs Abendessen zu sammeln?«, ist die Antwort hierauf »Ja« oder »Nein«, abhängig von Ihrer tatsächlichen Entscheidung. Das ist das einzig ausschlaggebende Kriterium. (Es gibt auch eine dritte Option, bei der es darum geht, dass Sie sich nicht entscheiden können, aber diesen Punkt haben wir schon im ersten Teil abgehakt, und Sie sind jetzt entschlussfreudig, bestimmt und mit Tatkraft bei der Sache. Gut gemacht!)

»Hast du Lust?« bedeutet nicht mehr und nicht weniger als »Hast du Lust?«. Entweder Sie haben Lust oder nicht. Wenn Sie Pilzesammeln für eine großartige Sache halten, sagen Sie »Ja«. Wenn Sie dazu aber überhaupt keine Lust haben, sagen Sie »Nein«.

Sie können Ihre Antwort auch relativieren. (Wann immer Sie die Worte »Sie können« lesen, sollten Sie darauf erwidern: »Da haben Sie verdammt recht, dass ich das kann. Ich kann fast alles, worauf ich Bock habe, vielen Dank.«) Wenn Sie das tun, seien Sie auch hier direkt: »Es ist ein reizvoller Gedanke, den Nachmittag mit dir zu verbringen. Mir fallen allerdings ein Dutzend Sachen ein, die ich interessanter und aufregender finde, als am feuchten Boden nach Fliegenpilzen zu suchen. Lass uns lieber Schlittschuhlaufen gehen. Danach kaufen wir uns eine Pizza und zielen mit Kieselsteinen auf leere Bierflaschen.«

Hervorragende Antwort! Es ist für Sie dabei nicht nur ein unendlich spannenderer Samstagnachmittag herausgekommen, Sie haben dem Vorgehen auch gleich Ihren persönlichen Stempel aufgedrückt.

Und wenn Sie eigentlich keine Lust haben, auf Pilzsuche zu gehen, aber wissen, dass genau das Ihr Gegenüber glücklich machen würde und Ihnen dies wichtiger ist als Schlittschuhlaufen und Pizza, wird

Ihre Antwort unterm Strich lauten: »Ja, dazu habe ich Lust«, auch wenn Ihnen die Gründe hierfür nicht ganz nachvollziehbar scheinen.

DIE KIRSCHEN IN NACHBARS GARTEN SIND IMMER RÖTER

Wenn Sie denken, dass der Nachbar schönere Kirschen hat, pflanzen Sie erst mal einen verdammten Kirschbaum.

Nehmen wir das Ganze für einen Moment doch mal wörtlich. Sie wohnen in Nummer 62. Ihr Vorgarten erinnert an eine Müllkippe. Drei Müllsäcke, ein Einkaufswagen, ein Dreiviertel Auto und ein Großteil des gestrigen Abendessens bedecken den Boden. Wenn es auf Ihrer Seite des Zauns Gras gibt, dann interessiert sich bestimmt die Polizei dafür. Doch gleich nebenan, in Nummer 64, sieht der Garten so aus, wie Gärten aussehen sollten. Da gibt es Rasen, der Rasen ist grün und aus echtem Gras; sogar ein Gartenzwerg steht dort. Der Gartenzwerg sieht zufrieden aus. Sie haben nie zuvor einen glücklicheren Gartenzwerg gesehen. Der blöde Gartenzwerg schlägt ein Rad und singt Liedchen darüber, was für ein glücklicher Gartenzwerg er ist. In Ihrer tautologischen Weisheit und in einem besonders umständlichen Entscheidungsprozess beschließen Sie, dass Ihr Garten nur dann so aussehen kann wie der von nebenan, wenn Sie nach nebenan ziehen. Also ziehen Sie nach nebenan. Sechs Monate später sieht Ihr Garten beschissen aus.

Sie sehen, worauf ich hinauswill?

Nehmen wir das Ganze weniger wörtlich. Vergessen wir Flora und Fauna und sehen uns die anderen greifbaren Faktoren an. Ihre Nachbarn in Nummer 64 sind Reiner und Annamaria. Reiner ist mittelständischer Unternehmer. Annamaria trifft sich zum Mittagessen gern und oft mit ihren Freundinnen und hat mehrere mittelmäßig erfolgreiche, kitschige Liebesromane geschrieben. Darüber hinaus ist sie Cheforganisatorin der monatlichen Nachbarschaftswache-Meetings, Präsidentin des Recyclingverbands und im Vorstand der örtlichen Grundschule. Sie backt Apfelkuchen und trainiert verschiedene Kampfsportarten.

Obwohl Annamaria so beschäftigt ist, sieht sie immer gut aus. Wenn Sie sie auf der Straße treffen, ist sie perfekt frisiert, während Ihnen die ungewaschenen, strähnigen Haare am Nylontop kleben und die enge Hose Sie im Schritt zwickt.

Sie sagen: »Ach Mensch, Annamaria aus Nummer

64 sieht immer so gut aus. Sie hat immer die perfekte Dauerwelle, ihre Schulterpolster sitzen immer an der richtigen Stelle, und ihre Haut hat einen absolut beneidenswerten Teint. Sie nimmt sich viel Zeit für die Auswahl ihrer Kleidung, für ihr Make-up und für ihre Handtaschensammlung. Ich wünschte, ich hätte Annamarias Leben.«

Aber kennen Sie den Grund, den wirklichen Grund, warum Annamaria aus Nummer 64 mit ihrem perfekten Heim, ihren perfekten Schulterpolstern und ihrem perfekten Teint immer so gut aussieht? Nicht?

Dann werde ich Ihnen auf die Sprünge helfen. Sie denken, es hätte etwas mit den Genen zu tun? Sie denken, sie wäre mit Schulterpolstern und einem bronzefarbenen Teint geboren? Natürlich nicht. Der Grund, warum Annamarias Kirschen so viel schöner sind als Ihre, ist, dass sie den Baum wässert.

Hier ist das Geheimnis, wie Sie zu einem schöneren Garten, einer umsatzstärkeren Firma, einer besseren Beziehung zu Ihrem Ehemann, einem höheren Einkommen und schöneren Fingernägeln kommen und in der Lage sein werden, sich teure Urlaube zu leisten: **Sie müssen daran arbeiten.**

Hören Sie auf, Vergleiche zu ziehen – Vergleiche machen Sie nur unglücklich. Konzentrieren Sie sich auf Ihren eigenen Garten, und kaufen Sie endlich den verdammten Kirschbaumsetzling.

WIE SIE RICHTIG KOMMUNIZIEREN

»Von allen Kapiteln in diesem Buch brauche ich dieses hier ja wohl am wenigsten. Wie Sie richtig kommunizieren. Soll das ein Witz sein? Was macht der Typ da? Versucht er, meine Intelligenz zu beleidigen? Ich hätte nicht übel Lust, in die Seiten dieses blöden Buchs zu kriechen und ihm eins auf die Nase zu hauen. Wie ich richtig kommuniziere?! Ich weiß verdammt gut, wie man richtig kommuniziert! Ich mache meinen Mund auf, lasse andere wissen, was ich will, und schon bin ich auf der Überholspur. Und ich rede hier nicht von simpler Kommunikation. Ich bin Geschäftsführer von ›Verhandlung und Söhne‹! Es gibt nichts, was Sie mir beibringen könnten.«

Ja, das stimmt. Sie sind ein fantastischer Redner, oder? Ich kann mir vorstellen, wie Sie als kleiner Knirps waren. Mit neun Monaten konnten Sie in ganzen Sätzen reden, und mit einem Jahr verwendeten Sie bereits mehrsilbige Satzkonstruktionen. Sie schrieben eine Abhandlung über die Unzulänglichkeit von Folgemilch, noch bevor Sie aufgehört hatten, welche zu trinken. Und im Kindergarten gab man Ihnen im Krippenspiel immer die Rolle des Erzählers, weil das die Rolle mit dem meisten Text war. Und den konnten Sie auswendig. So wie Sie jede andere Rolle auch auswendig konnten. Daher sprangen Sie ein, als Joseph sich auf der Bühne in die Hose machte und ausgetauscht werden musste, und Sie spielten seine Rolle besser als er. Auf dem Gymnasium wurden Sie Schulsprecher, und als Sie beim jährlichen Schulfest eine Rede hielten, bewiesen Sie Selbstsicherheit, Charme und Humor. Der Oberbürgermeister kugelte sich vor Lachen, und fünf Minuten später brach seine Frau in Tränen aus, als Sie von Waisenhäusern in Afrika sprachen. Sie sind so überzeugend und besitzen derartige *Überredungskünste*, dass Sie sechsmal in Folge zum regionalen Verkaufsleiter des Jahres gewählt wurden. Sie sind ein fantastischer Gesprächspartner und werden zu jeder Dinnerparty eingeladen, weil Sie brillante Konversation betreiben und zu allem eine Meinung haben. Sie sind ein unersättlicher Leser und hören schon frühmorgens den *Deutschlandfunk*. Es wäre ja furchtbar, wenn Sie zu einem Thema ohne Meinung dastünden. Und ja, Sie reden viel, aber dafür sind Sie ja bekannt. Sie reden gern und viel, halten wortgewaltige Ansprachen und rechtfertigen sich niemals. Welchen anderen Sinn hätte das Leben, als zu kommunizieren? Es ist Ihnen egal, wenn die weniger starken Redner an den Rand gedrängt werden. Gesellschaftlicher Umgang ist eine Kraftprobe, und Sie sind, verdammt noch mal, Herkules! Aber Sie vergessen dabei zuzuhören, und Ihr Monolog ist für Ihre Umgebung ermüdend.

Halten Sie für einen Moment die Klappe, und hören Sie zu.

Zuhören!!! Zuhören!!! Zuhören!!!

Und Klappe halten.

WIE SIE NICHT ZUR FUSSMATTE MUTIEREN

Unausgesprochene Verträge sind nicht das Papier wert, auf dem sie nicht gedruckt sind.

»Wenn ich ihr 16 Minuten lang mit Lavendelöl den Rücken einreibe, wird sie mich oral verwöhnen«, gilt nur dann als gesichert, wenn Sie sich zuvor darauf geeinigt haben und sie nicht gegen Lavendelöl allergisch ist.

Die Sache ist die: Die anderen tun nicht immer das, was Sie von ihnen erwarten. Sie haben die Vorstellung, dass, wenn Sie X, Y und Z tun, der Rest der

Welt Ihnen automatisch etwas schuldet und Sie dann ein fantastisches Leben führen und von Leuten Dinge bekommen werden, weil Sie Gutes getan haben.

Ja, es stimmt, dass Sie, wenn Sie ein Gebertyp sind, auch coole Sachen zurückbekommen. Das ist das Gesetz der Gegenseitigkeit. Und das gibt es wirklich. Aber es besteht ein Unterschied zwischen großzügigem Geben und einem Dasein als Fußmatte. Wie viele Frauen machen Abendessen für ihre undankbaren Männer, die nichts Besseres zu tun haben als herumzujammern, dass ihre Fischstäbchen nicht knusprig sind oder dass auf ihrem belegten Brot zu wenig Butter ist?

Wenn Sie keine klaren »Geben-und-Nehmen«-Regeln festlegen, werden Sie merken, dass Sie viel mehr geben als nehmen.

Gute Menschen tendieren zwar dazu, andere gute Menschen anzuziehen, aber manche guten Menschen ziehen auch Spinner an, werden im Fernsehen in Reality Soaps schikaniert und in ihrer Ahnungslosigkeit von aalglatten Bauernfängern ausgenommen. Wenn Sie jemandem die Tür aufhalten, den Sie nicht kennen, haben Sie auch nicht das Recht, sauer zu sein, wenn er nicht lächelt und sich bedankt. Warum sollte er auch lächeln und sich bedanken? Haben Sie das zuvor mit ihm vereinbart? Oder haben Sie das lediglich von ihm erwartet, weil Sie der Ansicht sind, dass die unveränderlichen Gesetze guten Benehmens dies diktieren?

Machen Sie sich nichts vor. Wir haben alle unsere eigenen moralischen Regeln und Skrupel. Und wenn Sie ich oder Sie selbst sind und es die korrekte Reaktion *ist* zu lächeln und sich zu bedanken, wenn uns jemand die Tür aufhält, weil unsere Auffassung von Moral uns das vorschreibt – bravo! Wenn Sie aber nicht ich oder Sie selbst sind, sondern eines der ignoranten Arschlöcher, die es auf der Welt auch gibt, dann bedanken Sie sich vielleicht nicht. Und Sie lächeln vielleicht auch nicht. Und Sie wollen vielleicht auch gar nicht, dass Ihnen jemand freundlicherweise die Tür aufhält.

Vergessen Sie nicht: Sie wissen nicht, was andere Menschen denken. Du liebe Güte: In 50 Prozent aller Fälle wissen Sie noch nicht einmal, was Sie *selbst* denken. Wie können Sie da erwarten, dass irgendjemand weiß, welch perfekte Kombination aufeinanderfolgender Ereignisse Sie sich in Ihrem hermetischen Schädel zusammengereimt haben?

Wenn Sie zum Beispiel für sich beschlossen haben, dass Sie am Donnerstag länger arbeiten werden, damit Sie am Freitag früher gehen können, um rechtzeitig zum 70. Hochzeitstag Ihrer Eltern zu kommen, dies aber nicht mit Ihrem Chef abgesprochen haben, dann sollten Sie sich nicht wundern, wenn Ihr Chef etwas dagegen hat. Wenn Sie dann trotzdem darauf bestehen, früher gehen zu dürfen, *weil* Sie ja Überstunden gemacht haben, benehmen Sie sich eher wie ein manipulatives Arschloch.

Stellen Sie sich vor, Sie wollen sich ein neues Auto zulegen. Sie gehen in ein Autohaus und sagen dem Verkäufer, dass Sie ein Satsuma Coupé kaufen möchten. Er zeigt Ihnen das Modell, schwärmt von der Innenausstattung mit Walnussholz und cremefarbenen Bezügen, lässt Sie eine Probefahrt machen und serviert Ihnen Kaffee, während er mit Ihnen den Finanzierungsplan bespricht. Am Ende seiner Ausführungen sind Sie aber noch nicht restlos von dem Auto überzeugt. Sie erklären dem Verkäufer, dass Sie über das Angebot nachdenken werden. Woraufhin er Ihnen eine Rechnung für den Kaffee, das Benzin und das Honorar für eine halbe Stunde Zeit, die er in Sie investiert hat, präsentiert.

Bezahlen Sie die Rechnung? Natürlich nicht; das war nicht Teil der Vereinbarung. Vielleicht *erwartet* der Verkäufer, dass Sie die Rechnung zahlen, aber da er Ihnen vorher nicht gesagt hat, dass der Kaffee, das Benzin und seine lustigen Sprüche nicht in dem Verkaufsgespräch enthalten sind, halten Sie das nicht für gerechtfertigt.

Hören Sie auf, sich einzubilden, dass die Welt aus Kämpfen besteht. Das ist nicht der Fall. **Man muss den Leuten schon sagen, was man von ihnen erwartet.**

Wenn Sie sich im Bus hinsetzen möchten, aber irgendein Typ zwei Sitze besetzt, müssen Sie »Entschuldigung, ich würde mich gern hinsetzen« sagen, um einen Platz zu bekommen. Sie werden den Sitz nicht ergattern, indem Sie sich lautstark empören, jammern, stöhnen und dem Typ böse Blicke zuwerfen. Das nennt man passive Aggression, und die ist ein heimtückischer Feind des offenen Gesprächs.

WIE SIE MIT FREMDEN SPRECHEN SOLLTEN

Fremde: igitt, richtig? Gehen Sie denen möglichst aus dem Weg! Ersticken Sie Ihre intellektuelle Neugierde, und verbauen Sie sich interessante Möglichkeiten, indem Sie nicht mit Fremden sprechen!

Was haben fremde Leute schließlich jemals für Sie getan? Seit unserer Jugend wurde uns eingebläut, dass das Reden mit Fremden zu Entführung, Albträumen und Zahnfäule führt. Das Gespräch mit Fremden oder auch nur der Augenkontakt mit ihnen kann alle möglichen Arten von Verdammnis nach sich ziehen. Sie werden zu obskuren Veranstaltungen eingeladen, Sie sitzen bei Abendessen, zu denen Sie keine Lust haben, eingekeilt zwischen Menschen, mit denen Sie gar nicht sprechen wollen; man nervt Sie mit Fragen nach Ihrer Meinung und bittet Sie um irgendwelche Gefallen. Hätten Sie vielleicht 500 Euro für einen schönheitschirurgischen Eingriff übrig? Würden Sie auf meinen Dobermann aufpassen, während ich mir ein Bier in der Kneipe genehmige? Können Sie dieses schmutzige Geld für mich waschen? Du lieber Himmel! Kann es Schlimmeres geben?

Ich glaube nicht. *Am besten vermeidet man es, mit Fremden zu sprechen.*

Schließlich sind Sie zufrieden mit den Leuten, die Sie kennen, oder? Ihr Freundeskreis ist groß genug. Das Letzte, was Sie in Ihrem Leben brauchen, sind noch mehr blöde Bekanntschaften. Sie haben auch so schon die Nase voll von den lästigen Typen, die Sie um Sponsorengelder anhauen, und dass man Sie noch öfter als Babysitter einspannt, wollen Sie auch nicht. Sie senden eine klare Botschaft in die Welt hinaus, die da lautet: *Lasst mich in Ruhe.*

Aber was, wenn das alles nicht so wäre? Was, wenn das höfliche Gespräch mit Unbekannten zu einer allgemein lebensverbessernden Freundlichkeit führen würde? Was, wenn Sie durch das Gespräch mit einem Menschen, dem Sie nie zuvor begegnet sind, Ihren Horizont erweitern und Türen öffnen würden? Türen, die Ihnen bislang verschlossen waren? Türen, die zur Entdeckung neuer Freuden und zu ungeahnten Erlebnissen führen? Freuden wie Höhlenforschung, Bogenschießen, Kartografie und nächtliches Kopulieren am Straßenrand?

Dieses Kapitel hält daher einen kleinen, aber feinen Vorschlag für Sie bereit: **Beginnen Sie ein Gespräch mit jemandem, den Sie nicht kennen.**

Sie brauchen davor keine Angst zu haben. Wenn Sie der Typ sind, der sich lieber auf eine heiße Herdplatte setzen würde, als mit jemandem zu reden, den er nicht kennt, machen Sie sich keine Gedanken. Sie sind nicht der Einzige. Tatsächlich gibt es nur *sehr* wenige Menschen, für die es das Natürlichste auf der Welt ist, auf einer Hochzeit jemanden anzusprechen, der mit einem in der Schlange am Büfett steht. Das zu tun fühlt sich falsch an, oder? Gott, wie peinlich, wenn der Angesprochene mürrisch erwidert: »Entschuldigung, kennen wir uns?« Der demütigende, unverhohlene Blick, das Schweigen, und wenn er dann von Ihnen weggeht.

Was also wäre das Schlimmste, das passieren kann? Es könnte passieren, dass Sie mit einem aus der Psychiatrie Entflohenen Freundschaft schließen, aber wenn Sie etwas gesunden Menschenverstand walten lassen, auf eine plötzliche Kehrtwende vorbereitet sind und sich schnell aus dem Staub machen können, dürfte das kein Problem sein. Es könnte passieren, dass man Sie für einen Straßenräuber hält; in diesem Fall würde Ihr »Opfer« schnell wegrennen. Wenn Sie ganz großes Glück haben, könnte es passieren, dass der Betreffende Sie im Davonlaufen mit seiner Geldbörse bewirft. »Da haben Sie mein Geld«, würde er sagen, »aber bitte tun Sie mir nichts.«

Schlussendlich bedeutet das: Das Schlimmste, was Ihnen passieren kann, ist vorschnelle Ablehnung. Doch damit können Sie umgehen, denn Sie kriegen Ihr Leben auf die Reihe. Sprechen Sie folgendermaßen mit Fremden:

1. Identifizieren Sie einen Fremden

Ungefährliche Fremde erkennt man im Allgemeinen daran, dass sie vollständig bekleidet sind und nicht mit sich selbst oder einem imaginären Freund sprechen. Sie neigen nicht dazu, mit den Armen zu fuchteln, und man kann auch nicht aus zehn Schritt Entfernung ihre Haare riechen. Auch Damen in High Heels und mit wasserstoffblonden Haarverlängerungen, die sich nachts in dunklen Straßen herumdrücken, werden sich liebend gern mit Ihnen unterhalten, aber das kostet Geld.

Gut geeignete Orte, um mit Fremden zu sprechen, sind Flugzeuge, Warteschlangen bei der Post, Cafés und Partys. Weniger gut geeignete Orte sind Kinos und die vorderen Reihen auf Trauerfeiern.

2. Wenn Sie einen Fremden identifiziert haben, lächeln Sie.

Lächeln Sie flüchtig. Halten Sie kurz Augenkontakt. Grinsen Sie nicht, und nicken Sie nicht enthusiastisch mit dem Kopf.

3. Wenn die Reaktion kein eisiger Blick und kein Angstschrei ist, sagen Sie etwas.

Zu den Sachen, die man gut sagen kann, gehören:

- »Hallo.«
- »Woher kennen Sie Andreas?«
- »Ist dieser Platz noch frei?«

- »Oh Mann. Das war ein langer Tag. Was für eine Wohltat, die müden Beine auszustrecken. Und Sie? Kommen Sie auch von weither?«
- »Können Sie mir vielleicht helfen? Ich bin nicht sicher, ob ich den blauen oder den grünen Bademantel kaufen soll. Ich kann mich einfach nicht entscheiden.«
- »Entschuldigung, was genau ist der Unterschied zwischen Tofu und Quorn?«

Eher riskant sind Sachen wie:

- »Haben Sie schon mal eine Leiche gesehen?«
- »Finden Sie auch, dass es hier nach Hasch riecht?«
- »Was ist die Quadratwurzel aus 957?«
- »Können Sie diesen Käse mal kurz für mich halten? Ich komme zu spät zum Buchmacher, und der Bastard schuldet mir noch 40 Euro. Wenn er mir die nicht zurückzahlt, wird mir das Gericht das Besuchsrecht für meine Kinder wieder wegnehmen.«
- »Sie sehen genauso aus wie meine Stiefmutter. Die hat mich früher geschlagen. Ich habe ihr inzwischen verziehen, aber dafür waren acht Jahre Therapie und Elektroschocks nötig. Aber machen Sie sich

keine Sorgen. Es geht mir jetzt viel besser. Und so ähnlich sehen Sie ihr auch wieder nicht.«

Wenn Sie auf Ihre Anfangsaussage eine positive Reaktion erhalten, machen Sie weiter.

Eine positive Reaktion ist eine Antwort. Eine ausgezeichnete Reaktion ist eine Antwort, die eine Frage enthält. Händler nennen das ein Kaufsignal. Sie haben grünes Licht zum Weitermachen.

Also machen Sie weiter. Stellen Sie offene Fragen, oder erzählen Sie eine Geschichte.

Wenn Sie feststellen, dass das zu nichts führt, ist das auch o.k. Sagen Sie: »Vielen Dank und guten Flug« oder »Ich hole mir noch einen Whisky« oder »Ach, sehen Sie, da ist jemand, der mit mir reden will«, dann entschuldigen Sie sich und entfernen sich.

Wenn Sie aber der Meinung sind, dass es ein tolles Gespräch war und Sie einen neuen Freund gefunden haben, sollten Sie nach einer Möglichkeit suchen, um die Beziehung zu vertiefen.

Eine sehr gute und ganz normale Art, dies zu tun, ist, Leute miteinander bekannt zu machen:

- »Sie sind Modehistorikerin? Das ist ja großartig. Wissen Sie was? Mein Freund Alex interessiert sich sehr für präbyzantinische Mode und ist für ein Projekt auf der Suche nach einer Schneiderin, die historische Gewänder anfertigen kann. Ich glaube, Sie beide würden sich gut verstehen. Darf ich Sie miteinander bekannt machen? Haben Sie vielleicht eine Visitenkarte?«

- »Wenn Sie das mit der Zahnkorrektur ernst gemeint haben, schicke ich Ihnen gern den Namen des Kieferorthopäden meiner Tochter. Wie lautet Ihre E-Mail-Adresse?«
- »Ich finde dich wirklich süß, aber ich bin verheiratet. Ich habe aber eine Freundin, die Single ist. Ich würde euch gern einander vorstellen.«

Zack! Sie haben gerade mit einem anderen Menschen kommuniziert, und es gibt einen Fremden weniger auf der Welt.

Sagen Sie Ihrem alten Leben, in dem Sie nur Katzen als Freunde hatten und Ihr Essen ausschließlich aus Fertiggerichten bestand, auf Wiedersehen, und heißen Sie **ein Leben voller Partys** willkommen.

WIE SIE SICH SELBST NICHT SO ERNST NEHMEN

Nun folgt ein Intermezzo – eine Unterbrechung, eine kleine Pause. Pausen, wie man sie aus dem Theater, Kino oder Varieté der tanzenden Makaken kennt, geben Ihnen die Möglichkeit, aufs Klo zu gehen, eine Zigarette zu rauchen, ein Eis zu essen oder sich die Beine zu vertreten. Sie können mit Freunden Ihre Notizen zu Gustavs Interpretation von Beethovens Neunter besprechen oder schnell den Babysitter anrufen. Kurz gesagt: Pausen dienen der Abwechslung.

Diese kurze Pause soll Ihnen die ultimative Abwechslung bieten: eine Abwechslung von sich selbst. Und die brauchen Sie wirklich. Sie folgen sich selbst ja überallhin. Also entspannen Sie sich, und schieben Sie eine CD mit Reggaemusik in Ihre Stereoanlage.

Dank eines wissenschaftlich konzipierten Programms, das im Anschluss vorgestellt wird (ich hatte im Abschlusszeugnis eine Zwei in Physik), wird während der folgenden fünf Tage Ihr größtes Einzelproblem angesprochen und gelöst werden. Das ist wichtiger als zu lernen, wie man kommuniziert, seine Wohnung putzt oder mehr Zeit zur Verfügung hat.

Das ist wichtiger als alles andere, wovon bisher die Rede war.

Das Thema sind *Sie*. Wenn Sie das *Sie-Problem* lösen, werden Sie den Stress aus Ihrem Leben beseitigen. Das muss sein, denn Stress bringt Sie auf lange Sicht um.

Wenn Sie mit diesem Problem fertigwerden, besitzen Sie den Schlüssel zu Reichtum, Gesundheit und Glück.

Über welches Thema ich spreche? Über das Problem, dass Sie sich selbst zu ernst nehmen. Wer sich selbst zu ernst nimmt, ist schnell gelangweilt.

Und man nimmt sich schnell zu ernst, wenn man sich über Dinge Sorgen macht, die nicht wichtig sind.

Sie werden garantiert von sich selbst und allem, was Sie tun, gelangweilt sein, wenn Sie sich über all die Dinge Sorgen machen, über die man sich gar keine Sorgen machen muss. Können Sie mir folgen?

Wenn wir uns also auf die Formel Angst = Langeweile = Selbsthass und Verdruss einigen können, dann werden wir uns auch dahingehend einig sein, dass es von *äußerster* Wichtigkeit ist, sich umgehend um das Sie-Problem zu kümmern.

Lassen Sie alles stehen und liegen, und tun Sie folgende Dinge! Das wird Ihr Leben retten!

TANZEN SIE NACKT VOR DEM SPIEGEL

Es ist mir völlig gleichgültig, ob sich andere nackt in der Öffentlichkeit zeigen. Ich gehöre eher zur diskreten Sorte. Wenn Sie sowieso von jeher textilfrei spazieren gehen oder sonnenbaden, fein. Wenn Sie dazu neigen, sich die Kleider vom Leib zu reißen und vor Menschen, *die gar nicht darum gebeten haben,* mit Ihren Reizen zu wackeln, dann leiden Sie allerdings an einer Persönlichkeitsstörung, oder es fehlt Ihnen ernsthaft an Einfühlungsvermögen.

Öffentliche Nacktheit muss einvernehmlich sein. Also müssen Sie sich an diesem ersten Tag Ihres Intermezzos mit sich selbst darauf einigen, sich nackt sehen zu wollen. Ich will Sie nicht dazu auffordern, Ihr blasses, teigiges Fleisch öffentlich vorzuführen (wobei alle Beteiligten etwas davon haben, wenn Ihre Frau oder Ihr Mann mitmachen). Sobald Sie Ihre Klamotten ausgezogen haben, tanzen Sie vor einem Spiegel. Und tun Sie das voller Begeisterung.

Hier geht es darum, dass Sie sich in Ihrem Körper wohlfühlen, einem Element Ihres Lebens, das Sie bisher zu ernst genommen haben.

Niemand mag *alles* an seinem Körper. Vielleicht haben Sie abstehende Ohren oder einen Schmerbauch. Vielleicht haben Sie eine unschöne dritte Brustwarze oder eine kleine Delle an der Stelle, wo früher Ihre linke Niere war. Einige Frauen werden sich an ihrer Cellulite oder an einer Kaiserschnittnarbe stören. Einige Männer ärgern sich über ihre Männerbrüste und ein dickes Doppelkinn.

Aber wissen Sie was? Sie sind nicht allein. **Jeder hat so ein Problem**. Alle, die behaupten: »Ich bin total zufrieden mit meinem Körper«, lügen entweder oder sind Profifußballer.

Also finden Sie sich damit ab.

Ich wette, dass es sehr, sehr lange her ist, dass Sie sich das letzte Mal ausgezogen und nackt getanzt haben.

Es kann sein, dass das Nackttanzen für Sie eine befreiende Erfahrung ist. Es kann auch sein, dass es Ihnen oberpeinlich ist, aber wenn Sie sich erst mal im Spiegel dabei beobachten, wie Sie dämlich grinsen und wie Ihre Weichteile fröhlich auf und ab hüpfen, wird es Ihnen schwerfallen, nicht zu schmunzeln.

Tun Sie Folgendes:

Stellen Sie sicher, dass die Türen verschlossen und die Jalousien heruntergelassen sind. Suchen Sie sich einen großen Spiegel. Der im Schlafzimmer an der

Kleiderschranktür eignet sich prima. Drehen Sie die Heizung auf. Lassen Sie in der Stereoanlage coole Musik laufen. Irgendeine, zu der Sie tanzen würden, wenn Sie angezogen wären, vier Schnäpse intus hätten und in einem angesagten Club oder auf dem Junggesellenabschied feiern würden.

Und jetzt runter mit den Klamotten. Alle. Ziehen Sie auch den String-Tanga oder die Boxershorts aus. Anstand ist nun fehl am Platz. Jetzt kommt der lustige Teil. Tanzen Sie so, als ob niemand zusehen würde. (Es sieht niemand zu, es sei denn, Sie haben sehr neugierige Nachbarn oder einen Vermieter, der heimlich Kameras installiert hat.)

Tanzen Sie wie der Teufel. Tanzen Sie, als ob Ihr Leben davon abhängen würde. Bewegen Sie die Hände, machen Sie den Ententanz, tanzen Sie eine Ein-Mann-Polonaise. Tanzen Sie einfach. Lassen Sie sich gehen. Wenn Sie kurz davor sind aufzuhören oder das Lied zu Ende ist, fangen Sie noch einmal von vorn an.

Warum das funktioniert:

Es hat noch niemand geschafft, sich selbst ernst zu nehmen, während seine Weichteile zu den Klängen von Gloria Estefan und der Miami Sound Machine hin und her wackelten.

Was für ein befreiendes Gefühl! Alles andere ist unwichtig. Es ist unmöglich, über andere Sachen nachzudenken, solange Sie Headbanging machen und Luftgitarre spielen. Ich bestreite, dass Sie es schaffen werden, sich über Rechnungen Sorgen zu machen, während Sie in den Spagat gehen und Ihnen die Brüste ins Gesicht hüpfen. Vergessen Sie, dass Sie sich mal wieder die Beine rasieren müssten. Denken Sie nicht an Ihre Fettpölsterchen. **Zelebrieren Sie Ihre physischen Unzulänglichkeiten** und erinnern Sie sich an Ihre Zeit als Teenager zurück. Tanzen Sie nackt – und Sie werden frei sein.

MACHEN SIE SICH SCHMUTZIG

Damit kümmern wir uns um das Problem, dass Sie ein Sauberkeitsfanatiker sind.

Auf der Liste mit den wichtigen Dingen steht temporäre persönliche Sauberkeit heute mal ganz unten. Langfristige Überlegungen zur Körperhygiene und wie man sich präsentiert kommen da ins Spiel, wo Sie eine längere Schmutzphase durchmachen, aber ein kurzer Abstecher ins Reich der Penner wird Ihnen die Angst, unansehnlich zu sein, nehmen.

Wenn Sie die Vorstellung, sich ausgelassen auf dem

Rasen im Park zu suhlen und sich Grasflecken auf der Kleidung zu holen erschreckt, dann müssen Sie dies hier tun. Wenn Sie ein alkoholhaltiges Handdesinfektionsmittel mit sich herumtragen, weil Sie sich vor schmutzigen Türgriffen fürchten, ist das hier noch wichtiger für Sie.

Ihr Körper ist widerstandsfähig. Ihr Körper wird mit etwas Schmutz und ein paar Keimen schon fertig. Ihr Immunsystem ist auf Selbsterhaltung ausgerichtet, und wenn Sie nicht gerade eine Vorliebe für promiskuitiven Sex haben, setzen Sie sich keiner großen Gefahr aus, wenn Sie sich etwas dreckig machen.

Kinder lieben es, sich schmutzig zu machen. Ihnen als Erwachsenem macht das keinen Spaß mehr, seit Sie Geld für Kleidung ausgeben. Die Liebe zu Ihren Gucci-Slippern hat eine höhere Priorität als Ihre **Fähigkeit, sich gehen zu lassen.** Lassen Sie uns das auf der Stelle beheben.

Suchen Sie sich eine Pfütze und springen Sie darin herum wie ein kleines Kind. Nehmen Sie etwas Dreck in Ihre Hände und schmieren Sie sich damit ein. Ziehen Sie Schuhe an, die keine 300 Euro kosten, und machen Sie sie schmutzig. Wälzen Sie sich im Dreck. Das wird Sie schon nicht umbringen.

Wenn Sie sich nicht im Freien schmutzig machen

wollen, vielleicht weil Sie Angst vor Toxoplasmose haben (ausgelöst durch Parasiten in Hundescheiße), machen Sie sich eben zu Hause schmutzig. Das geht am besten in der Küche. Oder in der Garage. Beschmieren Sie sich beispielsweise mit Öl. Beschmieren Sie sich mit Mehl und Wasser. Besorgen Sie sich Körperfarbe aus Schokolade und bemalen Sie sich damit.

Und dann treten Sie erneut vor den Spiegel. Sehen Sie sich an. Sie haben sich besudelt. Ihre Fassade aus Make-up und schicker Frisur bröckelt. Sie sind ein Mensch. Sie sind schmutzig.

SINGEN SIE LAUTHALS IN DER ÖFFENTLICHKEIT

Ach, wie herrlich ist es, sich selbst darstellen zu können! Seinen Mund zu öffnen und lauthals zu singen fühlt sich *unglaublich gut* an, oder? Sie *wissen*, dass Sie gern singen, auch wenn Sie es nicht können. Wenn niemand in der Nähe ist, in der Privatsphäre Ihrer eigenen vier Wände, trällern Sie gern vor sich hin. Vielleicht haben Sie sogar am Tag eins gesungen, als Sie nackt in Ihrer Wohnung herumsprangen?

Sie singen die ganze Zeit über leise mit. Wenn im Radio ein Lied läuft, das durch wiederholtes Hören in Ihr Unterbewusstsein eingedrungen ist, werden Sie unweigerlich still mitsingen. Oder es kommt vor, dass Sie am Morgen das Haus verlassen und das Lied, das Sie zuletzt im Radio gehört haben, so lange in Ihrem Gedächtnis hängen bleibt, bis irgendein Kollege die Titelmelodie aus »Das A-Team« summend das Büro betritt und so das andere Lied aus Ihrem Kopf verdrängt.

Doch Sie singen so gut wie nie in der Öffentlichkeit. Mag ja sein, dass Sie nach sechs Caipiroskas in Versuchung geraten, aber der erliegen Sie nur ganz selten.

Fangen Sie also damit an, ehrlich zu sich selbst zu sein. Sie lieben es zu singen, und Sie können sich nicht die ganze Zeit zu Hause einsperren. Also gehen Sie aus dem Haus, hören Sie auf, den Sänger zu unterdrücken, der in Ihnen steckt, und singen Sie nach Herzenslust. Gehen Sie die Straße entlang – widerstehen Sie der Versuchung, Kopfhörer zu tragen – und singen Sie. Singen Sie laut und hemmungslos. Starren Sie niemanden an, aber vermeiden Sie auch nicht einen eventuellen Blickkontakt. Singen Sie, als wären Sie glücklich, und lächeln Sie dazu. Das ist im Gehen leichter, wenn Sie es aber lieber mitten in einem Einkaufszentrum tun wollen, dann ist das auch in Ordnung. Sie tun im Grunde nur wenig mehr, als wenn Sie vor sich hin pfeifen. Niemand nimmt von Ihnen Notiz, wenn Sie pfeifen.

Hier kommt noch ein ganz wichtiger Punkt: **Singen Sie allein**. Singend Arm in Arm mit den Freundinnen durch die Gegend zu ziehen zählt nicht. Das machen nur Angsthasen. Die Übung ist nur dann effektiv, wenn man sie ohne Unterstützung macht.

Und der zweite wichtige Punkt: Sie dürfen dabei nicht betrunken sein. Tun Sie es im nüchternen Zustand, am besten gleich frühmorgens.

Sie können dabei auch tanzen, wenn Sie Lust haben. Das macht großen Spaß. Ich empfehle allerdings, beim Tanzen in der Öffentlichkeit die Kleidung anzubehalten. Es macht einen Unterschied, ob Sie nur Ihre Komfortzone verlassen oder wegen Erregung öffentlichen Ärgernisses verhaftet werden.

Singen Sie laut, und singen Sie mit Stolz. Sie werden feststellen, dass das geradezu süchtig macht.

VERSCHICKEN SIE FANPOST

Sie sind Ihre Schmutzphobie los, Sie haben in der Öffentlichkeit gesungen, und Sie haben nackt getanzt. Schreiben Sie jetzt einem Fremden.

Schreiben Sie einen Brief an jemanden, der Sie nicht kennt, und erzählen Sie ihm etwas Nettes. Suchen Sie sich jemanden aus, der in der Öffentlichkeit steht. Solche Leute sind es gewohnt, Post von Menschen zu bekommen, die nicht so zurückhaltend sind wie Sie, und werden nicht so schnell auf die Idee kommen, sie hätten es mit einem Stalker zu tun. Teilen Sie diesem Menschen mit, wie sehr Sie seine Schuhe oder seine Zähne bewundern – oder die Art, wie er mit den Gerüchten über sein Liebesleben und seine junge Freundin umgegangen ist, die in den Medien verbreitet wurden.

Und dann gehen Sie noch einen Schritt weiter und erzählen ihm ein Geheimnis. Es tut gut und fällt leichter, private Dinge mit Leuten zu teilen, die Sie nicht kennen. Wenn Sie nicht wissen, was Sie schreiben sollen, probieren Sie es mit dem folgenden Text:

Liebe(r) (Name des Promis),

ich wollte Ihnen kurz mitteilen, dass ich mir letzte Woche Fußwarzen vereisen ließ.

Vielleicht finden Sie nicht, dass das für Sie von Belang ist, aber das ist es. Während ich in der Praxis (zugegebenermaßen leicht verängstigt) darauf wartete, dass ich an der Reihe war, las ich in einem nicht mehr ganz aktuellen Hochglanzmagazin, wie man sie oft in Wartezimmern findet, ein Interview mit Ihnen.

Darin waren Fotos von Ihnen und Ihrer Frau – Sie beide in weiße Leinengewänder gehüllt auf Ihrem herrschaftlichen Anwesen –, wie Sie Ihren Kindern die zerzausten Köpfe streicheln und Ihren Labrador-Hunden Bälle zuwerfen.

Ich schäme mich nicht zuzugeben, dass ich einen kurzen Moment lang völlig in Ihre wunderbare Welt eintauchte, und ich bin ziemlich sicher, dass der daraus resultierende Schub an Endorphinen mit dazu beitrug, dass ich nicht so große Schmerzen hatte, als der flüssige Stickstoff auf meine Fußsohlen aufgetragen wurde.

Daher möchte ich mich herzlich dafür bedanken, dass Sie meinen Tag so positiv beeinflusst haben.

Mit freundlichen Grüßen,
und so weiter und so fort.

Der Grund, warum Sie sich mithilfe eines solchen Briefs weniger ernst nehmen, ist, dass Ihre sorgfältig konstruierte Fassade des Coolen es Ihnen nicht erlauben würde, als weiblicher oder männlicher Fan einen Promi aus der Ferne anzuhimmeln. Sie sollten es aber versuchen. Vielleicht bekommen Sie sogar eine Antwort. Und dann werden Sie *wirklich* aufgeregt sein.

ZIEHEN SIE SICH EIN LUSTIGES KOSTÜM AN

Sie haben es fast geschafft! Sie finden Ihren Körper mittlerweile ganz o.k. und haben ordentlich abgetanzt, Sie sind Ihre Schmutzphobie los, haben keine Angst mehr, dass Sie wie ein Trottel klingen, und haben gelernt, dass Sie nicht immer den Coolen spielen müssen. Jetzt geht es darum, dass Sie sich keine Gedanken darüber machen sollten, ob Sie wie ein Idiot *aussehen*.

Sie messen Ihrer äußerlichen Erscheinung viel zu viel Bedeutung bei. Erinnern Sie sich, dass Sie gar nicht wissen können, was andere Menschen denken? Und erinnern Sie sich auch daran, dass es egal ist, was andere denken? Das gilt umso mehr für Ihr Aussehen.

Erinnern Sie sich daran, wie es war, als Ihnen ein Absatz abbrach und wie *peinlich* Ihnen das war? Es gab keine Möglichkeit, das schnell in Ordnung zu bringen, und Sie mussten Tennisschuhe anziehen. Erinnern Sie sich daran, wie unangenehm Ihnen das war? (Aber erinnern Sie sich auch daran, wie angenehm es war, den Rest des Tages ohne Absätze herumzulaufen?) Oder das eine Mal bei der Hochzeit Ihrer Cousine, als Sie Ihre Krawatte mit Ketchup ruinierten und sich eine Krawatte mit Comicfiguren von Ihrem Vater borgen mussten? Erinnern Sie sich noch, wie *peinlich* Ihnen das war? (Aber erinnern Sie sich auch daran, wie Sie damals mit der Brautjungfer auf Tuchfühlung gingen?)

Sie setzen zu sehr darauf, dass Sie cool rüberkommen. Hoffentlich haben Sie sich in den letzten Tagen so uncool gegeben, dass Sie sich auf diesen letzten Schritt freuen.

Heute müssen Sie ein Kostüm auftreiben und es an einem öffentlichen Ort tragen. Sie können sich als Ballerina, als Clown oder als Teddybär verkleiden. Ziehen Sie aber keinen Borat-Badeanzug an, und halten Sie Ihre Brüste bedeckt: Sie sollen schließlich nicht wegen unsittlichen Verhaltens verhaftet werden.

Gehen Sie nun in Ihrem Cowboy-Kostüm oder mit der Micky-Maus-Maske zur Post. Stellen Sie sich in die Schlange, und kaufen Sie Briefmarken. Gehen Sie in den Supermarkt, und kaufen Sie Mandarinen und Lebertran. Setzen Sie sich in ein Café. Es kann natürlich sein, dass irgendwelche Wichtigtuer von Ihnen wissen wollen, was los ist. Es kann passieren, dass ein

Wachmann Sie am Kragen packt und Sie unverhohlen wegen Ihrer Verkleidung anmacht.

Wenn er Sie fragt: »Was soll das Ganze hier?«, antworten Sie: »Was soll das Ganze was?« Wenn er Sie fragt: »Warum tragen Sie das Kostüm?«, antworten Sie: »Was für ein Kostüm?«, und wenn sich Ihnen mehrere betrunkene junge Männer mit einem Kanister Benzin nähern, rennen Sie wie der Teufel.

Gehen Sie nach Hause, lassen Sie sich ein heißes Bad ein, und steigen Sie aus Ihrem Nilpferd-Kostüm. Halten Sie einen Augenblick inne, und wackeln Sie vor dem Spiegel. Erinnern Sie sich noch, wie gut sich das angefühlt hat? Lehnen Sie sich in der Wanne zurück, summen Sie eine Melodie vor sich hin, und schreiben Sie im Geiste einen Brief an sich selbst, **um sich daran zu erinnern, wie viel Spaß man mit Ihnen haben kann. Und dass Sie beinahe vergessen hätten, wie gut Sie sich amüsieren können.**

BEZIEHUNGEN

Jetzt, da Sie wissen, wie man mit anderen Menschen umgeht, sollten Sie diese Fähigkeit noch weiter verfeinern.

Statistisch gesehen ist es sehr wahrscheinlich, dass Sie aus wichtigen Beziehungen mit wichtigen Menschen eine gewisse Befriedigung ziehen. Es gibt jene Menschen, die wir uns selbst aussuchen: unsere Freunde und Lebenspartner. Und dann gibt es die Leute, mit denen wir uns abgeben müssen, ob uns das nun gefällt oder nicht: unsere Familie.

Irgendwann in Ihrem Leben wird Ihnen wahrscheinlich das Herumfummeln mit Bekannten nicht mehr reichen, und Sie werden eine Beziehung aufbauen wollen, die auf Vertrauen und gemeinsamer Verantwortung basiert (auch wenn Sie eigentlich gar keine Lust dazu haben).

Vielleicht möchten Sie Kinder haben. Vielleicht können Sie keine Kinder bekommen. Vielleicht stresst Sie die Vorstellung, mit jemandem zusammenzuziehen oder ein Haus zu kaufen. Vielleicht müssen Sie sich auf Streitereien mit Geschwistern oder Schwiegereltern einlassen, die anderer Meinung sind.

Kurz gesagt: Beziehungen können selbst jemanden, der die Dinge des Lebens bisher recht gut im Griff hatte, aus der Bahn werfen. Das folgende Kapitel schafft hier Abhilfe.

QUALITÄT STATT QUANTITÄT

Sind Sie niedergeschlagen? Fühlen Sie sich ausgeschlossen? Sind Sie einsam? Und Sie haben keine Ahnung, warum? Das sollte eigentlich nicht passieren. Sie investieren doch wie der Teufel in Beziehungen:

- Sie haben 4995 Freunde auf Facebook.
- Sie haben mehrere Tausend Twitter-Follower.
- Sie haben ein kleines schwarzes Buch, das vor Zahlen, Namen und Kontakten aus allen Nähten platzt.
- Sie haben einen Schuhkarton voller Visitenkarten.

Glückwunsch. Sie geben all diesen Menschen die Zeit, die sie brauchen – ein Smiley hier, ein Re-tweet da.

»Ihnen gefällt das.« Sie versenden Fanpost und flippen total aus, wenn Ihnen Ashton Kutcher antwortet.

Aber wer sind Ihre Freunde? Nicht die Art von Freunden, die Ihnen SMS mit »ZOMG ROFL LOL« schreiben. Nicht die Art von Freunden, die sagen: »Du hast es voll drauf!« Sondern die Art von Freunden, die sagen: »Erzähl mir mehr, du bist mir wichtig« oder »Das war zwar eine ziemlich blöde Idee, aber ich mag dich trotzdem.«

Wenn Sie zu denen gehören, die mit den coolen Typen im Internet abhängen oder jedem Aufmerksamkeit schenken oder die schmierige Leiter des Strebertums emporklettern, dann tun Sie dieses Wochenende mal etwas anderes.

Ver-nicht-nachlässigen Sie Ihre Freunde. Sie brauchen sie. Sie werden niemals auf der Straße leben müssen, wenn Sie wahre Freunde haben, und Sie werden nie wahre Freunde haben, wenn Sie Ihre Freunde vernachlässigen. Es braucht nicht viel dazu, wirklich nicht. Ein Telefonanruf zum Geburtstag genügt, eine Postkarte aus dem Urlaub (ich weiß, dass Postkarten aus der Mode sind, aber für mich ist jeder, der seine Ferien für 15 Minuten unterbricht, um mir eine Postkarte zu schreiben, ein verdammter Held), eine E-Mail mit dem Wortlaut »Ich habe gerade an dich gedacht«.

Lassen Sie nicht zu, dass Folgendes passiert:

»Ich wollte mich schon so lange bei ihr melden, aber inzwischen ist so viel Zeit vergangen, dass ich mich schuldig fühle, weil ich nicht angerufen habe. Sie wird denken, dass sie mir egal ist. Am besten stecke ich den Kopf in den Sand und vergesse die ganze Angelegenheit.« Kommt Ihnen das bekannt vor? Auf diese Weise lösen sich Beziehungen in Luft auf. Befolgen Sie daher die nächsten Schritte. **Jetzt sofort**.

1. Überlegen Sie sich, von welchem Freund Sie schon seit Monaten nichts gehört haben.
2. Greifen Sie zum Telefon und rufen Sie ihn an.
3. Beginnen Sie das Gespräch folgendermaßen: »Hallo! Wie geht's dir? Ist ja eine halbe Ewigkeit her. Was machst du so?«
4. Verabreden Sie sich – zum Kaffee, Essen, einem weiteren Telefonat.
5. **Halten Sie die Verabredung ein!**

Na bitte, Sie haben gerade eine Beziehung vor dem Aus gerettet. Das ist echt cool.

Behandeln Sie Ihre Freunde gut, dann behandeln sie Sie auch gut. Behandeln Sie sie so, als ob sie bald sterben würden.

WIE SIE MIT ANDEREN MENSCHEN UMGEHEN SOLLTEN

Behandeln Sie Ihre Freunde so, als ob sie bald sterben würden. Was soll das denn ...?

Im Ernst. Stellen Sie sich vor, Ihre nächste Begegnung mit Ihrem Freund wäre bei dessen Beerdigung. Stellen Sie sich vor, dass Sie ihn *nie wieder* lebend sehen werden. Stellen Sie sich vor, dass Sie nur noch *jetzt* die Chance haben, in seinem Leben eine maßgebliche Rolle zu spielen.

Dann werden Sie auch alle anderen besser behandeln.

»Leben Sie jeden Tag so, als wäre es Ihr letzter« lautet ein typischer Rat, um das meiste aus seiner Zeit auf Erden herauszuholen. Das macht Sinn. Eine solche Einstellung ermutigt Sie dazu, angenehme Dinge zu tun, sich um weniger angenehme Dinge nicht allzu sehr zu sorgen und sich darauf zu konzentrieren, Spaß zu haben. Wenn Sie morgen nicht mehr da sein werden, werden Sie liebevoll mit den Menschen sprechen, die Sie lieben, und Frieden mit den Menschen schließen, mit denen Sie nicht mehr sprechen.

Doch wenn Sie *jeden* Tag so leben, als wäre es Ihr

letzter, dann wird dieser Zustand bald unhaltbar. Er wird deshalb unhaltbar, weil sich die Gefahr, dass Ihr Handeln Konsequenzen nach sich zieht, in Nichts auflöst, wenn Sie nur noch 24 Stunden zu leben haben. Sie können *alles* tun, ohne dass es irgendwelche Folgen hätte. Das wäre großartig, wenn dies wirklich Ihr letzter Tag *wäre*, aber das ist er nicht. (Oder vielleicht doch, was weiß ich denn?) Sie würden Ihrem Chef sagen, dass er sich sein Heftgerät sonstwohin schieben kann. Sie würden Whisky zum Frühstück trinken und hätten ungeschützten Sex mit der Nachbarstochter. Wenn Sie keine strafrechtliche Verfolgung fürchten müssten, würden Sie Banken ausrauben und nackt in der Öffentlichkeit herumlaufen; Sie würden in der Sonntagszeitung Ihre intimsten Geheimnisse preisgeben und sich so unmöglich benehmen, wie Sie wollen, weil Sie weder Kater noch Kerker fürchten müssten. Teufel noch mal, Sie könnten sich zum Spaß verhaften lassen.

Wenn Sie das alles aber täglich machen würden, wären Sie bald völlig ausgebrannt. Wenn Sie jeden Tag so leben, als wäre es *Ihr* letzter, liegt der Schwerpunkt bei *Ihnen*. Sie werden egoistisch handeln, weil die Konsequenzen sich in Luft aufgelöst haben. Doch wenn Sie jeden Tag so leben, als wäre es der letzte Tag im Leben *aller anderen Menschen*, sind Sie auf der Gewinnerseite.

Wenn es im Leben vor allem darum geht, Spaß zu haben und Beziehungen zu interessanten Leuten zu knüpfen, was für eine bessere Möglichkeit gibt es dann, als den coolen Menschen um Sie herum Ihre volle Aufmerksamkeit zu schenken, anstatt sich vorzustellen, dass diese nur für einen kurzen Augenblick Teil Ihres Lebens sind?

Behandeln Sie sie also so, als ob sie bald sterben würden. Verhalten Sie sich dabei aber nicht unnatürlich. Weinen und schniefen Sie nicht. Es ist nicht nötig, dass Sie jeden, auf den Sie treffen, mit Samthandschuhen anfassen und seinen Kopf auf ein Kissen betten und laut schluchzend den Raum verlassen. Stellen Sie sich aber vor, dass die Menschen, denen Sie heute begegnen – die Menschen, die Sie lieben und die Ihnen am Herzen liegen – morgen nicht mehr da sind. Auf diese Weise werden Sie anders mit den Menschen umgehen. Wenn Sie heute letztmalig die Möglichkeit haben, alle Menschen zu sehen, die Sie kennen und lieben, wie werden Sie sie behandeln?

Wenn Menschen sterben, denken Sie daran, wie es war, als Sie sie das letzte Mal getroffen oder mit ihnen telefoniert haben. Und dann ärgern Sie sich womöglich, wenn Sie ihnen nicht all das gesagt haben, was Sie ihnen noch sagen wollten – all die wahren, all die sentimentalen Dinge –, ehe sie das Zeitliche gesegnet haben.

Sie hatten einen Streit mit Ihrer besten Freundin, und zwei Wochen später wurde sie von einem Bus überfahren.

Sie haben sich vor einem Jahr mit Ihrer Mutter verkracht, weil diese Ihre Frau eine hochnäsige Zicke genannt hat. Sicher, sie war übers Ziel hinausgeschossen, aber Sie hatten insgeheim gehofft, dass Sie sich irgendwann wieder vertragen würden. Jetzt ist sie tot, und Sie konnten sich noch nicht mal von ihr verabschieden.

Die Verkäuferin, die Ihnen vor drei Monaten zu wenig Wechselgeld zurückgab, verlor ihren Job, nachdem Sie sich bei ihrem Chef beschwert hatten. Sie konnte ihre Miete nicht mehr bezahlen, wurde obdachlos und starb drei Monate später an Unterernährung und Unterkühlung.

Nehmen Sie sich einen Moment Zeit, an all die Menschen zu denken, die Sie lieben: Ihre Frau, Ihren Mann, Ihre Mutter, Ihren Vater und Ihre Kinder.

Und jetzt stellen Sie sich vor, dass diese Menschen morgen nicht mehr da wären.

Sagen Sie Ihrer Frau, dass Sie sie lieben. Spielen Sie mit Ihren Kindern. Rufen Sie Ihre Eltern an.

Behandeln Sie sie so, als wären sie morgen nicht mehr da. Eines Tages werden sie wirklich fort sein. Gleichwohl ist es in Ordnung, wenn Sie die Leute hin und wieder vor den Kopf stoßen. Nur denken Sie daran: Menschen sind sensibel (besonders die, die dieses Buch noch nicht gelesen haben). Sollten Sie Leute immerzu vergraulen, müssen Sie damit aufhören, solch ein Ekel zu sein.

WANN SIE SICH MIT JEMANDEM ZUSAMMENTUN SOLLTEN

Sie sind vermutlich nicht unglücklich.

Eigentlich verläuft Ihr Leben doch ziemlich klasse.

Sie lassen sich von der Morgensonne wecken, Ihr Kopf ist klar und Ihr Blick scharf. Nach 90 Minuten Bikram-Yoga, einer kalten Dusche und einem Alfalfa-Körperpeeling holen Sie sich beim Café um die Ecke einen Quinoa-Spinat-Smoothie und machen sich auf den Weg zur Arbeit.

Sie betrachten sich im Fenster des Secondhandshops für Vintageklamotten, wo Sie hin und wieder Mokassins aus Eichhörnchenfell kaufen. *Sie sehen verflucht noch mal gut aus – und es geht Ihnen auch gut!* Die kostspielige Brücke an Ihren Backenzähnen war jeden Cent der 8000 Euro wert, die Sie in Ihr Hollywood-Lächeln investiert haben. Sie haben eine wohldefinierte Silhouette, und Ihre Kleidung drückt aus, dass Sie Geld *und* Eleganz besitzen. Ihre Haut strahlt, ohne zu glänzen, und Ihr Haar glänzt, ohne fettig zu sein.

Ihr Job macht Ihnen *wirklich Spaß*. Sie arbeiten bei *Goldmeister, Platin, Dope und Cool*, der Welt unkonventionellster Werbeagentur. Eigentlich können Sie Ihre Tätigkeit gar nicht als Arbeit bezeichnen. Es ist eher so, als würden Sie einen Tag lang die Irrenanstalt schwänzen. Kurz nach 10 Uhr früh kommen Sie ins Büro geschneit. Mit der ausgeflippten Rezeptionistin trinken Sie erst mal einen Bio-Caffè-Latte mit Sojamilch, dann unterhalten Sie sich eine Viertelstunde mit einem Haufen *echt cooler* Kollegen, die Röhrenjeans und 20 Jahre alte Turnschuhe tragen und erstaunliche Frisuren haben. Auch das Mittagessen, das normalerweise aus einem mit Weizengras- und Bulgurextrakt, Lachs aus nachhaltiger Zucht und Yakkäse belegten Hanf-Bagel besteht, ist eine ziemlich entspannte Angelegenheit. Sie nehmen ihn auf einem durchsichtigen Barhocker auf der Dachterrasse der Agentur sitzend ein, während Sie beobachten, wie die Kondensstreifen die Skyline kitzeln, und Sie bilden sich dabei ganz schön was ein.

Das Abendessen findet früh statt. Sie betreiben etwas Smalltalk mit Kunden in einem Club. Diese Typen sind Ihre Freunde, und Sie würden auch dann mit Ihnen abhängen, wenn Sie kein Geld dafür bekämen. Zwei Caipirinhas, eine Partie Poolbillard, etwas Sushi, das erst morgens aus Osaka eingeflogen wurde, ein frühes Taxi nach Hause. *Das alles auf Spesen.* Sie wissen nicht, ob das Leben noch besser werden kann.

Ihr Zuhause sieht *exakt* so aus, wie Sie das wollten. Es ist ein Tempel für all das, wofür Sie stehen. In der Ecke steht ein riesiger und dennoch fast unsichtbarer Plasmafernseher, eingerahmt von Limited-Edition-Pop-Art-Drucken Ihres libanesischen Lieblingskünstlers. In Ihrem klimatisierten Spielzimmer stehen mehrere amerikanische Flipperautomaten aus den 1980er-Jahren. In Ihrem von Bambus und Schiefer geprägten Badezimmer stehen kleine Buddhas aus Kalkstein, die alle Feng-Shui-mäßig zum Schlafzimmer hin ausgerichtet sind. Ihre Handtücher sind handgewebt. Ihr Kühlschrank ist mit Champagner und thailändischem Bier reichlich bestückt, und im Gefrierschrank stehen sechs Flaschen feinsten Wodkas für den Fall, dass Ihre Freunde auf eine Partie Poker und Blinis vorbeischauen. Sie hüpfen ins Bett (das Laken ist aus ägyptischer Baumwolle) und nehmen einen tiefen, meditativen Atemzug.

Ja, Sie glücklicher Bastard, besser als das hier kann das Leben nicht werden.

Aber warum sind Sie dann so verdammt einsam?

Sie haben alles. Aber Sie haben keinen Partner. Ihnen fehlt diese eine Person, die den Unterschied ausmacht zwischen *alles haben* und *genug haben*.

Es ist an der Zeit, sich zu verlieben.

WARUM SIE EINEN PARTNER BRAUCHEN

Die nörgelnde kleine Stimme in Ihrem Innern hat Sie davon überzeugt, dass Sie einen Partner brauchen. Das ist gut.

Das Leben ist besser, wenn Sie es mit jemandem teilen.

Womöglich sperren Sie sich dagegen. »Nein, das will ich nicht«, werden Sie vielleicht sagen. »Ich mag meinen Freiraum und mein eigenes Leben. Es gibt Menschen, denen ist ein Leben als Single bestimmt. Ich bin einer davon.«

Unsinn. Nur noch wenige Jahre trennen Sie vom Leben in einem Haus voller Katzen. Und wenn Sie alt sind, wird Ihnen eine Altenpflegerin den inkontinenten Hintern abputzen, weil Sie keine Familie haben, die sich um Sie kümmern könnte. Sie brauchen einen Partner. Kämpfen Sie nicht dagegen an. Ich habe recht. In einer Beziehung zu sein hat Vorteile:

- Wenn Sie beobachten, wie eine Katze sich gerade noch vor einer Riesenmöwe retten kann (ein seltenes Ereignis, das unbedingt kommentiert werden muss), haben Sie jemanden, zu dem Sie sagen können: »Hast du das gesehen?«
- Nach Sabines Einladung zum Junggesellinnenabschied in der Tequila-Destillerie brauchen Sie jemanden, der Ihnen die Haare aus dem Gesicht hält, während Sie über der Kloschüssel hängen. Sie sind dankbar, dass Ihr Freund diese undankbare Aufgabe übernimmt, ohne zu murren. (Wenn Ihr Freund dann Ihr Ehemann geworden ist, wird er diese Aufgabe nicht mehr übernehmen, ohne zu murren oder eine beachtliche Gegenleistung zu fordern.)
- Wenn Sie sich mit Ihrem besten Freund wegen irgendeiner idiotischen Sache verkracht haben und Sie im Job Ihre Umsatzziele verfehlt haben, was be-

deutet, dass Sie bei der Beförderung übergangen werden, und Sie sich dann noch beim Verlassen des Badezimmers den großen Zeh stoßen, brechen Sie in Tränen aus. Sie haben seit Jahren nicht geweint, sind von sich selbst überrascht und weinen aus diesem Grund noch heftiger. Wenn das passiert, werden Sie dankbar sein, wenn Ihre Frau da ist, Ihnen die Tränen trocknet, Ihnen eine Tasse Tee aufsetzt, dafür sorgt, dass es Ihnen wieder besser geht, und **niemals mehr ein Sterbenswort über dieses Ereignis verliert**.

Außerdem hat eine Heirat auch steuerliche Vorteile.

Inzwischen dürften Sie überzeugt sein! Gut. Sie haben eine großartige Entscheidung getroffen. Sie wollen sich verlieben.

WIE SIE EINEN PARTNER FINDEN

In einer idealen Welt werden Sie sich in jemanden verlieben, der Sie auch liebt oder zumindest sehr mag. Fangen wir an, uns nach einem Partner für Sie umzusehen. Denken Sie daran:

Sie können sich nicht aussuchen, in wen Sie sich

verlieben, aber Sie können sich aussuchen, wo Sie sich umsehen.

Die letzten drei Typen, mit denen Sie zusammen waren, waren nicht ideal.

1. Lukas, der »Harte«: muskulöser Macho mit Beschützerinstinkt. Wie sehr er Sie schätzte, zeigte er Ihnen dadurch, dass er jeden an seiner Faust riechen ließ, der Sie auch nur ansah, an Sie dachte oder von dem er dachte, dass er an Sie denken würde. Als er Ihnen vorschlug, immer ein GPS-Ortungsgerät mit sich zu führen, beschlossen Sie, die Beziehung zu beenden. Er schickt immer noch seine Jungs vorbei, um »sicherzugehen, dass bei Ihnen alles in Ordnung ist«.
2. Jan, der Unbekümmerte: so entspannt, dass er ständig stolperte. Sie liebten seine *Lebensfreude*, seine (nicht vorhandene) Konzentration, die ausschließlich auf die spaßigen Sachen ausgerichtet war. Abwaschen, bügeln, arbeiten für den Lebensunterhalt, duschen und Steuern zahlen waren »nerviger Kram«. Er hatte eine wirklich erfrischende Art. Sie verließen ihn, nachdem Sie einen dreiwöchigen Beinahe-Totalausfall hatten. Jan bekam das nicht mal mit.

3. René, der Knasti: ein echter Charmebolzen. Er sagte stets die richtigen Dinge und widmete Ihnen Stunden über Stunden. Mit ihm gab es teure Essen in Restaurants und Trips zu seiner Familie nach Marseille und Sizilien. Und wer könnte den spontanen Bootausflug vergessen? Doch Renés beste Seite war seine Fähigkeit, Ihnen das perfekte Geschenk zu besorgen. So aufwendig! So großzügig! So wohldurchdacht. Sie brauchten die neuste Ernesto-Moducciani-Handtasche nur einmal zu erwähnen, und drei Tage später hing sie schon an Ihrem Arm. Parfüm, Schmuck, Kleider. Er gab Ihnen alles. Und bezahlte, wie sich herausstellte, nichts davon. Wenn er in einigen Jahren aus dem Gefängnis entlassen wird, werden Sie ganz sicher nicht an der Pforte auf ihn warten.

Was diese drei Typen verbindet? Der Ort, an dem Sie sie aufgerissen haben. Sie lernten alle drei in der »Pilsklause« kennen, der einzigen Kneipe in der Stadt, die vergitterte Fenster hat. Sie gehen *gern* in die »Pilsklause«. Und Sie gehen schon seit *Jahren* hin. Dort kennt man Ihren Namen, und auch wenn die Gäste etwas raubeinig sind, so haben doch alle das Herz am rechten Fleck. Diese Menschen sind Freunde fürs Leben. Wenn Sie unter ihnen doch nur den Mann fürs Leben finden könnten!

Das können Sie aber nicht, und das werden Sie auch nicht. Einen Menschen, mit dem Sie den Rest Ihres Lebens verbringen werden, finden Sie folgendermaßen:

1. Peilen Sie Ihr Ziel an.

Darüber sollten Sie ein bisschen nachdenken – und sich auf die *Qualitäten* konzentrieren, nicht auf die Umstände.

Zum Beispiel ist »Für mich muss die perfekte Frau einen großen Busen haben und kurze Röcke tragen« eine prima Anforderung, wenn Sie ein Vollidiot sind, aber die Brüste hängen später herunter, und der Rock wird (Überraschung!) irgendwann durch Latzhosen (huh!) ersetzt.

Also versuchen Sie es lieber hiermit: »Für mich muss die perfekte Frau von Natur aus neugierig sein, Tiere lieben und Humor haben.« Natürlich können sich auch diese Dinge ändern, aber sie sind doch weitaus weniger vergänglich als Prachttitten und zu knappe Kleidungsstücke.

Gehen Sie noch einen Schritt weiter. Womit verdient sie ihren Lebensunterhalt? Wofür interessiert sie sich?

Um einen Volltreffer zu landen, brauchen Sie großes Glück. Aber wenn Sie wenigstens eine Vorstellung davon haben, wo Sie letztendlich hinwollen, wird Ihnen das schon ein ganzes Stück weiterhelfen.

2. Stecken Sie Ihr Jagdrevier ab.

Sie werden nur dann den perfekten Mann in der »Pilsklause« finden, wenn Sie auf der Suche nach Lukas, dem Harten, Jan, dem Unbekümmerten, oder René, dem Knasti, sind.

Wenn Ihr Traummann Japanisch können soll, reisen Sie nach Japan. Wenn Sie nach einem Dickerchen suchen, gehen Sie zu einem Weight-Watchers-Treffen. Soll er Polo spielen können, sollten Sie selbst reiten lernen. Soll sie Dichterin sein, setzen Sie sich in die Lesung in einem angesagten Café.

Haben Sie diesen Film mit Hugh Grant gesehen, in dem er so tut, als wäre er ein alleinstehender Vater, um sich alleinstehende Mütter zu angeln? Was für einen Beweis brauchen Sie noch, dass diese Technik funktioniert?

Oder den Streifen mit Gérard Depardieu, in dem er und sein Freund vor dem Frauengefängnis herumlungern, weil sie sich überlegt haben, dass die Exhäftlinge nach einigen Jahren im Knast Lust auf Sex haben könnten? Schlau ausgedacht.

3. Fangen Sie ein Gespräch an.
Lesen Sie sich das Kapitel »Wie Sie mit Fremden sprechen sollten« noch einmal durch. Und **vertiefen Sie diese Beziehung**.

Zack! Schon haben Sie eine Verabredung! Und bevor Sie sichs versehen, haben Sie den Richtigen oder die Richtige gefunden. Sie werden nie ganz sicher sein, wann die Zeit zum Heiraten reif ist. Vielleicht sind Sie sich zu 70 Prozent sicher. Aber 70 Prozent sind genug. Vergeuden Sie Ihre Energie nicht mit Grübeln. Sie *müssen* ja nicht heiraten. Aber wenn einer von Ihnen gern heiraten würde und der andere keine Einwände hat, dann tun Sie's. Sie werden sich gut fühlen. Und das ist es doch, was Sie wollen, oder?

WIE VERHEIRATETE SICH VERHALTEN SOLLTEN

Ihre Verabredungen sind gut verlaufen. So gut, dass Sie jemanden fürs Leben gefunden und geheiratet haben. Und wenn Sie frisch verheiratet sind, ist der Sex großartig. Er ist besser als Sex. Doch mit der Zeit wird es immer schwieriger, das Liebesleben aufregend zu gestalten. Ist man erst verheiratet und seit mehreren Jahren zusammen, reißt man sich nicht mehr so schnell die Klamotten vom Leib, um Liebe zu machen.

Dafür gibt es einen Grund, und zwar diesen hier: Mein lieber verheirateter Freund. Sie wissen, was Sie nach einem anstrengenden Tag tun, den Sie damit zugebracht haben, dass Sie sehr wichtige Dokumente für sehr wichtige Kunden von einem Haufen auf den anderen geschoben haben? Die Art von Tag, an dem Ihr unter Mundgeruch leidender Chef alle drei Minuten Beleidigungen in Ihre Richtung gebrüllt hat und Sie sich in Ihren sadistischen Fantasien ausmalen, wie Sie seine Visage mit dem Heftgerät ummodellieren? Was Sie tun, wenn Sie seit sechs Uhr morgens auf den Beinen sind, Ihr Auto einen Platten hatte und Sie drei von vier Stunden, seit Sie zu Hause sind, mit dem Wegwischen von Katzenkotze verbracht haben? Sie wissen schon *was*.

Sie verzichten auf ein ordentliches Abendessen, und Sie und Ihre Frau schieben sich ein Fertig-Hühnchencurry in die Mikrowelle, öffnen eine Flasche Weißwein und fläzen sich vor den Fernseher.

Das ist *großartig*, stimmt's? Es. Gibt. Nichts. Besseres.

Die Last des Tages fällt mühelos von Ihnen ab, während Sie sich den Bauch vollschlagen und Ihr Kopf in der Zeit, die Eva Longoria benötigt, um in einem weinroten Negligé lasziv die Treppe hinunterzugleiten, abschaltet. Was für ein Segen.

Können Sie sich aber auch noch an die andere Sache erinnern? Die Sache, über die Sie nicht sprechen aus Angst, dass Sie sie damit noch schlimmer machen? Die Sache, dass Sie … **seit Monaten keinen Sex mehr mit Ihrer Frau hatten?**

Aha. Das dachte ich mir.

Es gibt da einen Zusammenhang: Wenn Sie Ihre Abende damit verbringen, Essen in sich hineinzustopfen, werden Sie immer weniger Sex haben.

Sie sagen: »Sicher. Aber das hat nichts mit unseren Essgewohnheiten zu tun. Zwischen Schlafzimmer und Küche besteht doch kein Zusammenhang. Der meiste Sex, den wir je hatten, fand in unseren Flitterwochen statt, und *das ist normal*. Wir wollen ja gar nicht mehr Sex haben. Wir sind am Ende des Tages *müde*. Und haben keine Energie mehr. Wir arbeiten hart. Sicher, mag schon sein, dass wir uns vor die Glotze hauen, aber selbst wenn das nicht so wäre, würden wir nicht miteinander schlafen. So was machen nur Teenager.«

Ich sage: »Das ist total egal!«

Hier erfahren Sie, wie Sie wieder mehr Sex haben werden. Egal wie ätzend Ihr Tag war, wie oft Sie blöd angemacht wurden, weil Sie Termine vergessen oder zu wenige Kunden akquiriert haben, egal wie hoch Ihr Steuerbescheid und wie groß die Belastung durch Ihre Kinder ist, tun Sie Folgendes:

Holen Sie das Hühnchencurry aus der Verpackung, tun Sie es auf zwei Teller und decken Sie den Tisch. **Essen Sie am Esstisch.** Unterhalten Sie sich miteinander. Schlafen Sie nicht mit dem Teller auf dem Schoß ein (was nicht passieren kann, wenn Sie am Tisch essen).

Nach einem anregenden Gespräch, das Sie daran erinnert, warum Sie überhaupt geheiratet haben, ziehen Sie sich ins Schlafzimmer zurück. Beginnen Sie ein zärtliches Liebesspiel, und ärgern Sie Ihre Nachbarn mit Ihrem lustvollen Stöhnen.

Kein Sex = Teufelskreis = kein Sex.

Alternativ können Sie weiterhin halb im Liegen essen und sich an einer öden Zukunft, chronischer Verstopfung und Blähungen erfreuen. Und Sex haben Sie auch keinen.

Essen Sie am Esstisch, und Sie werden öfter Sex haben.

Für diesen Rat werden Sie mir noch dankbar sein.

WIE SIE KINDER GROSSZIEHEN

Ihre Familie suchen Sie sich nicht aus. Ihre Eltern suchen Sie sich ganz sicher nicht aus. Eltern sind entweder ein Segen oder eine Last – je nachdem, welche Nummer auf Ihrem Schicksalslos stand. Sie suchen sich aber aus, ob Sie Kinder haben wollen. Zumindest wenn Sie zu den etwas aufgeklärteren Menschen gehören, ist es wahrscheinlich, dass Sie sich für Kinder *entschieden* haben. Und wenn Sie sich *dagegen* entschieden haben oder keine Kinder bekommen konnten, ist das auch in Ordnung. Ein Hoch auf die Vielfalt!

Kinder zu bekommen ist gar nicht so einfach. Außer Sie betreiben keine aktive Familienplanung, dann passieren Kinder einfach. Aber Kinder großzuziehen ist noch weitaus schwerer. Kinder großzuziehen ist *verdammt* schwer. Vielleicht tröstet es Sie ja ein bisschen, dass es dabei keine richtige oder falsche Methode gibt. Kinder sind seit Abermillionen Jahren auf der Erde, viel länger als Erziehungsratgeber. Erziehungsratgeber *können* nützlich sein, solange sie nicht belehrend sind. Was alle jungen Eltern gern hätten, ist ein Erziehungsratgeber, in dem Folgendes steht:

- Es gibt Kinder, die schreien.
- Es gibt Eltern, die das problematisch finden.
- Genehmigen Sie sich ein Gläschen.
- Aber nur eines, oder Sie werden es bitter bereuen, wenn Sie um drei Uhr morgens wieder aus dem Schlaf gerissen werden.

Ich weiß nicht, wie man Kinder großzieht. Ich improvisiere da, was das Zeug hält. Männer sind in dieser Hinsicht nahezu unbrauchbar. (Sehen Sie, wie geschickt ich mein ziemlich nutzloses Dasein als Vater gerechtfertigt habe, indem ich eine Pauschalaussage über die erzieherischen Fähigkeiten aller Männer treffe? Brillant! Jetzt steht es geschrieben – und muss daher auch stimmen, richtig?) Ich möchte allerdings Folgendes anmerken.

- Sie entwickeln sich zu Ihren eigenen Eltern. Das haben Sie bereits festgestellt. Das bedeutet, dass Ihre Kinder Ihnen einmal stark ähneln werden. Wenn Ihnen das Angst macht, ändern Sie die Dinge, die Sie an sich selbst nicht mögen.
- Überschütten Sie Ihre Kinder mit Liebenswürdigkeit. Sie haben die Pflicht, sie zu lieben. Und sie einzukleiden. Sie haben nicht die Pflicht, Ihren Kin-

dern Reit- oder Ballettstunden zu ermöglichen, wenn Ihre finanziellen Mittel das nicht erlauben. Nichts wird Sie in Ihrem Glauben an Ihre erzieherischen Fähigkeiten mehr verunsichern als die Konkurrenz zu anderen Eltern. Wenn Sie aber gut im Kuscheln sind, kuscheln Sie. Können Sie das nicht so gut, lernen Sie es.

- Wenn Sie es nicht schaffen, sich Ärger vom Leib zu halten, dürfen Sie das auch nicht von Ihren Kindern erwarten. Wenn Sie selbst es nicht schaffen, pünktlich zur Arbeit zu erscheinen, warum sollten Ihre Kinder dann pünktlich in die Schule kommen? Wenn Sie es nicht schaffen, sich vom Fernseher loszueisen, dürfen Sie Ihren Kindern keine Vorwürfe machen, wenn sie viereckige Augen haben. Wenn Sie sich von Chips und Kuchen ernähren, wundern Sie sich nicht, wenn Ihre Kinder dick sind.
- Ihre Kinder haben nicht darum gebeten, auf die Welt zu kommen. Unterstehen Sie sich zu sagen: »Nach all dem, was wir für dich getan haben.« Wenn Sie Ihre Kinder nur als Ihre Altersversicherung ansehen, sind Sie ein gefühlloser Idiot.
- Ihre Familie steht natürlich an erster Stelle. Aber lassen Sie nicht zu, dass Ihre geistige Gesundheit darunter leidet. Gönnen Sie sich Auszeiten. Und

wenn Ihre Kinder alt genug sind, um auf sich selbst aufzupassen, lassen Sie sie auf sich selbst aufpassen.

DER NOTFALL!

Sie haben bis hierhin über Beziehungen gelesen und Angst, dass nichts davon auf Sie zutrifft. Sie haben Angst, weil Sie nicht den richtigen Partner gefunden haben. Ihr Unterleib setzt Spinnweben an, und Sie sind davon überzeugt, dass Sie dazu verdammt sind, den Rest Ihres Lebens allein mit Ihren Katzen zu verbringen.

Verzweifeln Sie nicht! Es gibt zwei mögliche Lösungen.

Erstens: Wenn Sie keinen Mann und keine Kinder haben, können Sie *jederzeit überallhin* reisen und brauchen sich niemals zu rechtfertigen, wenn Ihre Shoppingtour mal wieder länger als geplant gedauert hat. Stellen Sie sich vor, wie viel Sex Sie haben könnten! Stellen Sie sich vor, wie viel Rum Sie trinken könnten! Stellen Sie sich vor, wie sehr Sie sich danebenbenehmen könnten, ohne dass jemand sagt: »Mami! Du bist so peinlich!«

Möglichkeit eins ist also, auf unanständige Art alt zu

werden und dabei so viel Spaß wie möglich zu haben. Doch während diese erste Option einigen von Ihnen vielleicht reizvoll erscheinen mag, so wäre doch ein immenser Sinneswandel erforderlich, um sich selbst davon zu überzeugen, dass Sie allein besser dran wären, wenn Sie bereits beschlossen haben, dass Sie gern mit jemandem zusammenleben würden.

Also zweitens: Was Sie in diesem Fall bevorzugen werden, ist die Möglichkeit, Ihr Leben mit besonderen Menschen zu teilen. Aber Sie wissen nicht, wo Sie diese finden können. Dann erwerben Sie sie doch. Ich meine das todernst. Die zweite Möglichkeit ist, sich eine Familie, vor allem Kinder, zu erwerben. Sie können jede x-beliebige Mutter fragen, ob sie eher ihre Kinder oder eher ihren Ehemann retten würde, wenn ihr Haus niederbrennt. Eine Mutter wird immer eher die Kinder retten. Wenn Sie also sicher sind, dass die Natur Sie nicht von allein mit Bälgern beglücken wird, fangen Sie eben selbst an, Mutter Natur zu spielen. Da es sie nicht gibt, wird sie das nicht stören. Sollte Ihnen diese Idee nicht behagen, streifen Sie Ihre überkommenen Vorstellungen ab und feiern Sie den medizinischen Fortschritt. Oder freuen Sie sich, dass ein vereinzeltes Unglück Ihnen die Möglichkeit gibt, jemanden zu lieben. Als alleinstehende Frau, die versessen darauf ist, eine Familie zu gründen, der aber der passende Mann dazu fehlt, haben Sie verschiedene Möglichkeiten. Sie können sich über eine Samenbank Sperma besorgen (ich glaube, man kann heutzutage Sperma im Internet kaufen, ich bin aber nicht sicher, ob das eine so gute Idee ist) oder ein Kind adoptieren. Eine Adoption ist für immer. Eine Adoption rettet Leben. Einem Kind ein Zuhause zu geben, ist die größte Hinterlassenschaft.

Aber seien Sie sich sicher, dass es das ist, was Sie wollen.

Wenn Sie *eigentlich* einen Mann wollen, dann lesen Sie Lektion fünf noch einmal durch. Und verdammt noch mal, packen Sie es endlich an.

GESUNDHEIT

Dieses Kapitel ist erfreulich kurz. Hier geht es um Sie und um Ihre Gesundheit, und auch hier werde ich Dinge wiederholen, die Sie schon wissen, aber lieber verdrängen.

Ihre Gesundheit hat viel mit Ihrem Glück zu tun. Das hören Sie die ganze Zeit, und Sie wissen, dass es wahr ist, weil Sie kein Idiot sind. Na ja, vielleicht sind Sie ein Idiot, aber Sie waren immerhin vernünftig genug, um dieses Buch zu kaufen, also muss ja ein Quäntchen Klugheit in Ihnen stecken.

Wenn Sie nicht gesund sind, ist Ihr Lebensglück beeinträchtigt. Mag sein, dass Sie eine Art Heiliger sind, der beim Ausschwemmen von Nierensteinen die Zähne zusammenbeißt, während er glückselig über die große Gnade nachdenkt, die Gott der Menschheit hat zuteilwerden lassen, aber das ist eher unwahrscheinlich. Es ist weitaus wahrscheinlicher, dass Sie sich nur auf das Gefühl in Chili getauchter Glasssplitter konzentrieren können, das Sie haben, wenn die Steine sich ihren Weg durch Ihre Hahnröhre bahnen – Gedanken an Freude, Sex und irische Volkstänze werden da nicht aufkommen.

Ich kann Ihnen keine neuen Weisheiten verkünden, wenn es darum geht, dass Sie auf Ihren Körper achten müssen. Sie kennen bereits die gesamte Bandbreite an Wissen und Erfahrung in der Medizin aus Zeitungen, Männerzeitschriften, Frauenzeitschriften und den vielen Fernsehsendungen, die Sie gesehen haben. Zugegeben: Die Ratschläge wechseln häufig. Es kann verwirrend sein zu erfahren, dass Tomaten vor Darmkrebs schützen, aber Reizmagen verschlimmern können. Rotwein ist gut *und* schlecht für Sie, je nach Menge, Farbe und Traubensorte. Ein Aspirin am Tag senkt das Risiko, Probleme mit der Prostata zu bekommen, erhöht aber die Wahrscheinlichkeit, dass in Ihrer Magenschleimhaut ein Loch auftritt. Sie sollten Ihren gesunden Menschenverstand walten lassen und eigene Regeln anwenden. Ärztlicher Rat ist sicherlich überwiegend gut. Ich hoffe doch, dass die Medizin heute kompetent genug ist, um uns nach Möglichkeit keine Heilmittel zu empfehlen, die entweder in hohem Maße suspekt oder geradezu gefährlich sind. Ärzte sind da, um zu helfen. Sie geben Ihnen gute Ratschläge. Im Internet und anderswo gibt es tonnenweise kostenlose Informationen, wie man sich nicht mit Bleichmittel vergiftet (indem man es nicht trinkt) und Fremdkörper wieder aus dem Anus entfernt (da gibt es verschiedene Lösungen). Doch Ärzte und medizinische Zeitschriften können Ihnen nur sagen, *was Sie tun sollen.* Tun müssen Sie es dann selbst, es sei denn, es geht um Betäubung, Skalpelle oder Ähnliches.

Es ist Ihre Entscheidung, was Sie mit all den guten Ratschlägen anfangen. Sie können sie entweder in die Tat umsetzen oder ignorieren. Natürlich besteht bei der Umsetzung immer noch das Risiko, dass Sie zu früh den Löffel abgeben. So ist das Leben (und auch der Tod). Es ist, was es ist, darüber sollten Sie sich also nicht den Kopf zerbrechen. Doch wenn Sie beschließen, all die guten Ratschläge, mit denen Sie von Ministerien, Journalisten und Eltern bombardiert werden, zu ignorieren, laufen Sie Gefahr, noch vor Ihrem 50. Geburtstag beerdigt zu werden. Sollte das passieren, werden die Trauer und die Anteilnahme Ihrer Lieben von dem Gefühl überschattet, betrogen worden zu sein. Ihre Familie wird den nagenden Verdacht nicht los, dass Sie, wenn Sie nicht so ein gefräßiger, fauler Bastard gewesen wären, noch länger auf der Welt hätten verweilen können, um sich ins Zeug zu legen, den

Abwasch zu machen und mit Ihren Enkeln zu spielen.

Sie haben das Wissen, um die nötigen Maßnahmen zu ergreifen. Sie wissen, was man tun muss, damit man nicht dick wird – oder zumindest nicht dick bleibt. Sie wissen, wie Sie dynamischer werden und so viel Energie bekommen wie ein mit Süßigkeiten und Cola vollgetankter Fünfjähriger. Sie wissen das alles und noch viel mehr. Sie haben lediglich Probleme bei der Umsetzung. Die Umsetzung ist aus zweierlei Gründen schwierig:

1. Sie denken, Sie wären immun gegen schwere Krankheiten, bis Sie selbst davon betroffen sind.
Solange Sie keine ernsthafte Krankheit haben, halten Sie sich für einen Superhelden, vielleicht ein Superheld-Vogel-Strauß, der seinen Kopf so tief in den Sand gesteckt hat, dass die gesundheitsschädlichen Auswirkungen auf seinen vernachlässigten Körper unbemerkt an ihm vorbeiziehen. Aber die gesundheitsschädlichen Auswirkungen physischer Vernachlässigung werden nicht an Ihnen vorbeiziehen, denn Sie sind kein Superheld. Und auch kein Vogel Strauß.

2. Sie sind ein Mensch.

Sie leiden unter den gleichen kleinen Unannehmlichkeiten wie wir alle: Hexenschuss, Mausarm, Hämorrhoiden und Hallux valgus. Doch Sie denken, dass die schweren Krankheiten wie Krebs, Lungenemphysem oder Diabetes nur anderen Menschen widerfahren – Menschen, die vom Pech verfolgt sind.

Da war dieser Typ mit dem Schlaganfall. Das waren ja nicht Sie. Er hatte Pech, Sie hatten Glück. Und dann war da diese ältere Dame mit der Leberzirrhose, die ihr Leben lang schon mittags Prosecco getrunken hat. Dem Himmel sei Dank sind Sie verschont geblieben und haben eine stärkere Konstitution.

Eigentlich sind *Sie* nie betroffen, bis Sie es irgendwann doch sind.

»Aber«, sagen Sie, *»aber* wir sollten uns nicht zu sehr auf das konzentrieren, was sein *könnte,* sondern mehr im Jetzt leben. Es geht darum, das Leben zu genießen, richtig? Das haben Sie doch selbst gesagt! Wir müssen uns auf das konzentrieren, was wichtig ist, und seien wir ehrlich: Es ist nicht wirklich wichtig, dass ich die 100 Meter in weniger als einer Minute schaffe, oder? Leichtathletik ist etwas für junge Leute. Und wer braucht das schon, dass er ohne zu

schnaufen, Treppen hochsteigen kann? Schließlich gibt es Fahrstühle.«

Sehen Sie, mir ist das egal. Wenn das Ihre Einstellung ist, bitte. Ich kann Ihnen nicht helfen. Dieses Kapitel wird Ihnen nicht das Leben retten. Es wird Sie nicht gesund machen, und es wird auch nicht bewirken, dass Sie zum Marathonläufer werden.

Sie wissen doch, dass Sie Sport treiben müssen, also tun Sie 's einfach. Wenn Sie Probleme haben, sich Zeit dafür freizuschaufeln, lesen Sie das Kapitel »Kriegen Sie Dinge gebacken« noch einmal. Wenn Sie nicht motiviert genug sind, bezahlen Sie jemanden dafür, dass er Sie anschnauzt, damit Sie aus dem Bett springen und vor Ihrem Frühstück aus Müsli und Kiwi 60 Einhand-Liegestütze und ein paar Sit-ups machen.

Und was ist mit den Lebensmitteln, die Sie essen? Alles, was unten rauskommt, hat dieselbe Farbe, also warum sollte es wichtig sein, wie das Essen aussieht, das oben reingeht?

Ich werde Ihnen nicht sagen, warum das wichtig ist. Sie wissen es auch so.

Die Essgewohnheiten zu ändern ist kinderleicht. Hören Sie einfach auf, Müll in sich hineinzustopfen.

Mit diesem einen, etwas profanen Ratschlag hat Ihnen dieses Buch einige zusätzliche Lebensjahre geschenkt.

Hören Sie auf, Müll zu essen, dann leben Sie länger und sterben glücklich.

Ich könnte hier eine Tabelle mit gesunden Lebensmitteln in der linken und ungesunden Lebensmitteln in der rechten Spalte angeben, aber das wäre sinnlos, weil sich diese Tabelle bereits in Ihr Hirn eingebrannt hat. Blattgemüse, Obst und Hülsenfrüchte stehen auf der linken Seite.

Gesättigte Fettsäuren, raffinierter Zucker, zu viel Alkohol und zu viel fettig Gebratenes sind die Lebensmittel, die Sie auf lange Sicht umbringen werden, und gehören in die rechte Spalte. Ungesunde Lebensmittel bringen Sie um, weil sie Ihre Arterien verstopfen, in Ihrem Dickdarm böse vor sich hin gären, Ihren Stoffwechsel reduzieren und Sie übergewichtig machen. Fett tötet.

Das ist keine wirkliche Überraschung. Trotzdem sagen Sie noch immer: »Ich weiß ja, dass diese mit reichlich Schinken und Käse belegte, extra dicke Pizza schlecht für mich ist, aber ich esse doch nur eine. Ich werde zum Ausgleich einen Salat essen.«

Und das sagen Sie jeden Tag.

Doch der Salat gleicht die Pizza nicht aus. Und eine

Diät-Cola hebt den Hamburger und die Spareribs nicht auf.

(Außerdem wird Diät-Cola mit Aspartam gesüßt. Ich weiß nicht genau, was das ist, und deshalb habe ich Angst davor. Zucker wächst wenigstens noch auf Bäumen oder so ähnlich.)

Überfliegen Sie die folgenden Abschnitte, und essen Sie anschließend ein paar Sprossen oder etwas Ähnliches. Sie werden mir dafür danken.

ANMERKUNGEN ZUM DIÄTHALTEN

Hier geht es nicht um »eine« bestimmte Diät. Ich werde Ihnen nicht raten, sich in den nächsten vier Wochen von Spinat zu ernähren oder Ihren Darm mit Ahornsirup und Getreidespelzen zu reinigen. Ich werde Ihnen auch nicht raten, komplett auf Kohlehydrate zu verzichten. Diäten funktionieren eine Zeit lang – und dann nicht mehr. (Ganz ähnlich, wie mit dem Rauchen aufzuhören, was beinahe die einfachste Sache der Welt ist. Es ist aber leider nicht so einfach, wie am nächsten Tag wieder damit anzufangen.)

Diäten sind sinnvoll, wenn Sie etwas zum Lesen brauchen und nur ein Diätratgeber dieses Verlangen stillen kann. Diäten können auf angenehme Art schnell Abhilfe schaffen, wenn Sie hin und wieder unter neurotischen Anwandlungen, leichten Wahnvorstellungen oder einem Reizdarm leiden. Diäten sind ein fantastisches Gesprächsthema, wenn Sie sich die Fingernägel polieren lassen oder auf Ihre Botox-Behandlung warten.

Wenn Sie sich für Diäten, Trennkost und grüne Smoothies interessieren oder dafür, wie man überleben kann, wenn man sich nur von Sauerstoff und gefiltertem Regenwasser ernährt, kann ich Ihnen nicht helfen. Es gibt aber jede Menge Leute, die das können. Ich schlage vor, Sie gehen in eine Buchhandlung. Es gibt derzeit (ungefähr) 2872456 verschiedene Diäten in Buchform zu kaufen, darunter solche, die von Yogalehrern, Feuerwehrmännern, Gewichthebern, kleinwüchsigen Zirkusartisten, Prinzessinnen, in Ungnade gefallenen Promis und promovierten Philologen entwickelt wurden.

Einige dieser Diäten behaupten, Diabetes heilen zu können, andere bekämpfen Bluthochdruck und Mundgeruch, wieder andere wollen Sie davon überzeugen, dass Sie schlank *»sein«* können, wenn Sie nur schlank *»denken«*, und dann gibt es auch Diäten zur Remodellierung von dicken Knöcheln.

Irgendwo da draußen gibt es vielleicht das richtige Diätbuch für Sie. Suche, so wirst du finden. Aber – so leid es mir tut – in diesem Buch hier werden Sie keine Diäten und auch keine Rezepte finden. (Na gut, aber nur eins. Hier kommt die perfekte Bloody Mary: Mixen Sie ein Teil Premium Wodka mit drei Teilen Tomatensaft. Schmecken Sie mit Salz, Pfeffer, Worcestersauce und Tabascosauce ab, und geben Sie zum Schluss einen gehäuften Teelöffel Meerrettich dazu. Gießen Sie das Ganze in ein mit Eiswürfeln gefülltes Glas, und rühren Sie um. Garnieren Sie den Cocktail mit einer Selleriestange. Den Sellerie aber bloß nicht aufessen. Dadurch verschwenden Sie nur wertvolle Kalorien.)

Lassen Sie uns aber übers Essen sprechen!

Essen ist Medizin:

- Wenn Ihr Ehemann ein Schürzenjäger ist und Sie betrogen hat, gibt es keine besseren Heilmittel als albernes Gekicher unter Freundinnen, eine Schachtel Sushi, zwei Schachteln Pralinen, drei Flaschen Wodka und eine Voodoo-Puppe.
- Wenn Sie mit einem mörderischen Kater aufwachen, werden ein Sandwich mit geröstetem Schinkenspeck, eine große Tasse mit gezuckertem Tee

oder ein Glas Spezi und ein heißes Bad Ihren Elektrolyt- und Flüssigkeitshaushalt wieder in Ordnung bringen und Ihre Kopfschmerzen mildern. An das, was Sie am Vorabend nach 23 Uhr getan haben, können Sie sich aber trotzdem nicht erinnern.
- Durch Hämorrhoiden verursachtes Unwohlsein lässt sich mildern, wenn Sie statt eines scharfen ein mildes Currygericht essen.

Essen ist der Weg zu guten Dingen:
- Austern und Champagner sind die Vorboten für fantastischen Sex.
- Ein gebratener Puter und Geflügelpasteten läuten ein fröhliches Familienfest ein. Wenigstens eine halbe Stunde lang, danach schlägt die Fröhlichkeit in Frust um, aber Sie können ja Onkel Jürgen die Schuld dafür geben. Er schafft es jedes Mal, Ihnen die Feier zu vermiesen.

Essen ist Identität:
- Zu Beginn des Tennisturniers in Wimbledon essen die Zuschauer aus Tradition Erdbeeren mit Sahne. Dann ist es Zeit für die Einheimischen, England für zwei Wochen zu verlassen.
- Wenn Sie Jude oder Moslem sind, essen Sie kein

Schweinefleisch. Wenn Sie Buddhist sind, streben Sie danach, vegetarisch zu leben.
- Wenn Ihnen die Umwelt und das Wohl anderer Lebewesen am Herzen liegen, ernähren Sie sich von Biosprossen aus nachhaltigem Anbau und Hanfpfannkuchen.
- Wenn nichts von dem Sie interessiert, essen Sie alles mit Lust und Freude.

Ja, Essen kann etwas ganz Wunderbares sein.

Aber Essen hat auch eine dunkle Seite. Wenn Sie diese dunkle Seite ignorieren, tun Sie das auf eigene Gefahr. **Essen tötet**.

Ja – Sie haben richtig gelesen. Essen tötet. Jede essbare Substanz führt, in den falschen Mengen verzehrt, unweigerlich zum Tod. Und ich spreche hier nicht nur von suspekt aussehenden Pilzen oder exotischen Fischen, die von einem Chirurgen seziert werden müssen, oder ungenießbaren getrockneten Kutteln, die drei Wochen in der Sonne lagen. Ich spreche von *allen Lebensmitteln*. Zugegeben, manche Sachen sind schädlicher als andere. Doch auch Acai-Beeren, Seetang, panierter Kabeljau und sonnengetrocknete kalifornische Rosinen werden zu Ihrem Tod führen, wenn Sie zu viel von dem Zeug essen.

Selbst Wasser wird Ihnen den Rest geben, wenn Sie zu viel davon trinken. Wenn Sie mir nicht glauben, versuchen Sie mal, innerhalb von 15 Minuten elf Liter Wasser zu trinken. (**Sehr wichtig: Tun Sie das nicht. Ich wiederhole: Tun Sie das nicht.** Sie werden sterben, und der Autor, der Verlag oder wer auch immer Ihnen dieses Buch verkauft hat, kann für die Entsorgung Ihrer Leiche oder sonstige mit Ihrem Tod verbundene Kosten nicht haftbar gemacht werden.)

In ausreichend hohen Dosen wird alles zu Gift. Wenn Sie von etwas zu viel essen oder trinken, werden Sie sterben.

Sie müssen Ihren Teller nicht leer essen.

Große Portionen stehen für Großzügigkeit und Verpflichtung. Der Gastgeber empfindet sich als freigebig, indem er Ihnen den Teller zu voll lädt, und Sie fühlen sich genötigt, alles aufzuessen. **Sie müssen aber nicht alles aufessen.** Senken Sie Ihr Tempo, und hören Sie auf zu essen, wenn Sie satt sind. Es ist Ihr Körper. Wenn Sie nicht gerade Molli Moppel heißen, werden Sie vermutlich niemals in der Situation sein, *so viel* von etwas zu konsumieren, dass man Sie drei Meter tief in der Erde verbuddelt, noch bevor Sie sich den Mund abgewischt haben.

Aber Folgendes ist wichtig: Essen und trinken Sie, wozu Sie Lust haben. Wenn Sie auch stets im Hinterkopf behalten sollten, dass Sie mit Sicherheit an irgendetwas sterben werden, so sollen Sie aber sicher nicht der Dummkopf sein, der an einer Überdosis Räucherlachs und Rahmkäse krepiert.

IHR KÖRPER

Sie sind nicht zufrieden mit Ihrem Körper? Da hilft kein Jammern und kein Klagen! Sie wurden mit Ihrem Körper geboren, also leben Sie mit ihm. Sein Vorhandensein ist nicht verhandelbar.

Was stört Sie denn? Haben Sie große Ohren? Einen Sichelfuß? Einen dicken Po? Wulstige Lippen? Sie sehen also nicht aus wie Brad Pitt oder Angelina Jolie? Willkommen im Club. Finden Sie sich damit ab.

Sie können sich Ihren Körper nicht aussuchen. Er ist vielmehr das Vehikel, das Ihre brillanten grauen Zellen und Ihren scharfen Intellekt durchs Leben trägt. Seit der Geburt hat sich Ihr Körper geringfügig verändert, und er wird sich in den nächsten Monaten und Jahren noch weiter verändern. Kurz vor Ihrem Tod, wenn Sie keuchend am Beatmungsgerät hängen, werden Sie dann kaum noch wiederzuerkennen sein.

Einige dieser körperlichen Veränderungen können Sie steuern, aber nicht alle. Wenn Sie dieses Buch gründlich gelesen haben, haben Sie vielleicht schon nackt vor dem Spiegel getanzt, wie ich es Ihnen verordnet hatte. Vielleicht haben Sie das Nackttanzen sogar in Ihren Alltag integriert? Dann nehmen Sie sich nächstes Mal auf Video auf und schicken Sie mir den Film per E-Mail. (**Nein, bitte tun Sie das nicht. Das war ein Witz. Ich will keine Nacktaufnahmen von Ihnen haben**. Ich werde mir von Lesern eingesandte Nackttanzvideos nicht ansehen, sondern diese sofort über eBay verscherbeln.)

Es besteht aber auch die Möglichkeit, dass Sie nur darüber *nachgedacht* haben, nackt zu tanzen. Da Sie sich aber bei der Lektüre dieses überaus humorvollen Buchs so prächtig amüsiert haben, haben Sie diesen Teil gern übersprungen und sind gleich zum nächsten Kapitel übergegangen in der Hoffnung, dass Sie dieselben Ergebnisse erzielen werden, wenn Sie nur lesen und nicht tun, was im Buch steht. (Das werden Sie aber nicht.)

Folglich haben Sie immer noch mindestens ein ernsthaftes Problem mit Ihrem Körper. Und Sie können nichts anderes dagegen tun, als aufzuhören, sich Gedanken darüber zu machen. Das liegt daran, dass Ihre Haut und Ihre Morphologie (das heißt, Ihr Körperbau) Dinge sind, die nur ein plastischer Chirurg verändern kann. Während die plastische Chirurgie einen wunderbaren wissenschaftlichen Fortschritt und ein Beispiel für die Fähigkeit des Menschen darstellt, sich in alle möglichen Dinge einzumischen, von denen wir lieber die Finger lassen sollten, führt sie doch zu *eigenartigen* Ergebnissen. Fußballbrüste, übertriebene Faceliftings und ausdruckslose Schlauchbootlippen sind keine erstrebenswerten Merkmale, sondern zum Davonrennen.

Ihr Körper gehört allein Ihnen. Leben Sie mit ihm. Nehmen Sie zum Beispiel Ihre große Nase. Sie ist riesig und unschön? *Nein,* das ist sie *nicht*! Kriegen Sie es auf die Reihe! Für was ist Ihre Nase zu groß? Um Dinge zu riechen? Und fangen Sie nicht wieder von Ihren Hüften an. Ihre Hüften sind zu breit? Ist das Ihr *Ernst*? Zu breit für was? Um Ihre Beine in Position zu halten?

Mal im Ernst: Hat Ihre zu große Nase Sie jemals von irgendetwas abgehalten? Hatten Sie sich in den Kopf gesetzt, ein Nasen-Model zu werden, und Ihr Riesenzinken hat Ihre Lebensplanung zunichtegemacht?

Gibt es überhaupt Nasen-Models? Ihre große Nase war nicht daran schuld, dass Sie Dinge nicht getan haben, die Sie gern gemacht hätten. Was Sie davon abgehalten hat, war Ihre fixe Idee, dass Ihre Nase zu groß wäre, um diese Dinge zu tun.

Würden Sie Doris aus der Exportabteilung gern zu einem romantischen Abendessen einladen? »Ach nein, das geht ja nicht. Meine Nase ist viel zu groß, und Doris wird feststellen, dass es mir an Menschlichkeit, Witz und Charme mangelt.«

Versager.

Und Sie, meine Liebe, wie sieht es mit Ihren wunderbaren weiblichen Hüften aus? Diese kurvenreichen, femininen, beneidens- und begehrenswerten »Reiterhosen«, die Sie vor der Welt verstecken?

»Ich kann auf keinen Fall vom Schreibtisch aufstehen, wenn Daniel vorbeikommt, auch wenn ich ein Auge auf ihn geworfen habe. Er ist hinreißend, aber wenn ich aufstehe, würde er meine breiten Hüften sehen und nie wieder mit mir reden!« (Wenn das wirklich Daniels Antwort ist, ist er ein arrogantes Arschloch, und Sie sollten sich lieber mit Frank treffen, der Sie seit acht Monaten beäugt, aber zu schüchtern ist, um es Ihnen zu sagen.)

Ach, aber Frank hat Segelohren.

Du liebe Güte, Leute! Findet euch damit ab!

Sie wurden in Ihrem Körper geboren genauso wie jeder andere Mensch in seinem. Je eher Sie anfangen, Ihren Körper zu lieben oder sich nicht mehr für ihn zu interessieren, desto eher werden Sie anfangen, das Leben zu genießen.

O.k., wenn Sie übergewichtig sind, können Sie versuchen, etwas dagegen zu tun. Als Erstes schmeißen Sie die Sahnetörtchen aus dem Kühlschrank. Wenn Ihre Finger gelb vom Nikotin sind, gönnen Sie sich eine Zigarettenspitze aus Perlmutt. Wenn Ihr Bart rot ist, rasieren Sie ihn sich ab.

Wenn Sie aber etwas zu klein geraten sind, dann sind Sie eben zu klein. Suchen Sie sich jemanden, der auf klein gewachsene Menschen steht – und Sie werden den besten Sex Ihres Lebens haben.

Es gibt Menschen, mit denen Sie Sex haben sollten, und andere, mit denen Sie keinen haben sollten. Genauso gibt es Menschen, mit denen Sie befreundet sein sollten, und andere, die Sie lieber meiden sollten. Tun Sie sich selbst einen Gefallen, und konzentrieren Sie sich darauf, nach Ersteren zu suchen. Diesen Menschen ist es egal, wie Sie aussehen.

Es kann sein, dass ein anderes Buch oder ein Artikel Ihnen empfiehlt, keine Zeitschriften zu lesen, die perfekte Körper in Szene setzen. Und noch ein anderer Artikel erzählt Ihnen vielleicht, dass Sie Magazine über Männerfitness und Zeitschriften mit Ausrufungszeichen im Titel meiden sollten, in denen steht, wie Sie mithilfe von Natronsalz und etwas Muskelkraft ein strahlendes Lächeln bekommen. Aber von mir werden Sie das nicht hören. Ich sehe mir gern Bilder von halb nackten Menschen an. Sie sind Futter fürs Auge.

Sie sollten gegenüber perfekten Körpern die gleiche Einstellung einnehmen wie gegenüber Fußballern mit Drogenproblemen: »Es macht mir Spaß, sie anzusehen. Aber ich bin sehr froh, dass ich ich bin, weil ich viel besser dran bin.«

Sie müssen mit Ihrem Körper leben. Also schließen Sie Frieden mit ihm. Oder Sie werden ewig einen Kampf führen, den Sie nicht gewinnen können.

SIE BRAUCHEN SCHLAF!

Schlaf ist gut für Sie. Also, warum drücken Sie sich davor? Sie dösen am Schreibtisch vor sich hin, gehen mit halb geschlossenen Augen durch den Supermarkt und beobachten, wie das Leben an Ihnen vorüberzieht.

Himmelherrgott: **Sie brauchen Schlaf!**

Was wollen Sie damit bezwecken, dass Sie völlig ermattet, Kekskrümel auf dem Schoß, auf dem Sofa liegen und im halb wachen Zustand durch die Kanäle zappen in der Hoffnung, nichts zu verpassen?

Ihre Frau stupst Sie an und sagt: »Hör auf zu schnarchen«, worauf Sie antworten: »Ich schlafe ja gar nicht!« Wie alt sind Sie? Sechs? Wollen Sie bis spät in die Nacht aufbleiben, weil das cool ist?

So ein Quatsch! Gönnen Sie sich Ihren Schlaf!

Vorteile des Ausgeschlafenseins sind:

- die Fähigkeit, schweres Gerät wie Traktoren, Druckmaschinen und Windturbinen sicher zu bedienen, ohne das eigene Leben oder das Leben von Kollegen zu gefährden;
- Entscheidungen mit klarem Kopf zu treffen und sich vor den Hinterlistigkeiten von Versicherungsmaklern und Börsenhändlern zu schützen, die wegen eines »exklusiven« Angebots, das nur 15 Minuten lang gilt, bei Ihnen anrufen;
- ein strahlender Teint, mit dem Sie bei Talentsuchern auffallen, es auf die Titelseiten von Hochglanzmagazinen schaffen und Champagner-Cocktails schlürfen dürfen;

- die einzige Chance, die Sie je bekommen werden, Ihre Frau straffrei mit Eva Longoria zu betrügen – wenn auch nur im Traum.

Es ist spät. Sie sind müde. Dies sind Ihre Optionen:

1. Sie bleiben, wo Sie sind, sehen sich an, wie mehrere halb nackte Frauen so tun, als würden sie mit Ihnen telefonieren, während sie überraschend langweilige Tätigkeiten wie Aufstehen, Hinsetzen und Bluseausziehen vollführen, schalten dann um zu einem bärtigen Mann, der Sie aufklärt, aus welchen Atomen ein Stein aufgebaut ist (das Ganze auch in Gebärdensprache), bevor Sie in das letzte Drittel eines polnischen Films schalten, der in einem trostlosen Industriegebiet spielt.
2. Sie gehen ins Bett.

Option 1 = Sie erwachen um drei Uhr morgens mit steifem Hals und Sabber am Kinn, sind noch vollständig angezogen und hellwach. Sie kriechen ins Bett, vernachlässigen Ihre Körperhygiene und werden drei Stunden später mitten in einem Schlafzyklus geweckt. Es geht Ihnen schlecht.

Option 2 = *der Hauptgewinn!* Sie wachen frühmorgens ausgeschlafen auf und packen den Tag bei den Hörnern.

Gehen Sie ins Bett = Sie werden nichts verpassen.

Streng geheime Sonderinformation: Wenn Sie früh ins Bett gehen und früh aufstehen, haben Sie mehr Zeit zur Verfügung und kommen Ihrem Ziel, ein Superheld zu werden, einen Schritt näher. Aber der eigentliche Schlüssel zum Superhelden ist, *mitten am Tag zu schlafen.*

Es gibt *nichts,* was nicht 45 Minuten warten könnte, während Sie direkt nach dem Mittagessen die Augen schließen und sanft in den Schlaf gleiten.

Schließen Sie die Vorhänge, ziehen Sie Ihre Schuhe aus, stellen Sie den Wecker, und zelebrieren Sie das herrliche und leicht unanständige Gefühl zu schlafen, während alle anderen wach sind.

Die Siesta ist der schnellste Weg zu einem langen Leben. Das ist amtlich.

FRÜHSTÜCKEN SIE

Sie haben ausreichend lange geschlafen und sind jetzt wach. Hervorragend! Jetzt ist es Zeit fürs Frühstück. Frühstück ist eine tolle Sache. Wenn Sie nicht frühstücken, werden Sie versagen. Frühstück ist die erste Mahlzeit der Champions.

Daran müssen Sie doch eigentlich gar nicht erinnert werden. In fast jeder Zeitschrift finden Sie einen Artikel darüber, dass das Frühstück die Grundlage fürs Abnehmen, die Produktivität und Großartigkeit in jeder Hinsicht ist. Mit einem Frühstück sind Sie insgesamt energiegeladener, kurbeln Ihren Stoffwechsel an und können Brötchenkrümel mit Marmelade aus Ihrem Bart pflücken, wenn Sie später wieder hungrig werden.

Frühstücksjunkies auf der ganzen Welt berichten stolz darüber, dass sie nachts um halb drei Uhr aufstehen, meditieren, acht Stunden arbeiten, die globale Erwärmung in den Griff bekommen und Kriege beenden, ehe sie sich ein energiereiches, kohlehydratarmes und proteinreiches Frühstück genehmigen. Aber Sie tun das nicht. Sie lassen es aus. Bei Ihnen reicht es nur für einen Kaffee und eine Zigarette, und gegen elf

Uhr fühlen Sie sich dann richtig mies. Sie *brauchen* ein Frühstück, denn wenn Sie morgens nichts essen:

- knurrt Ihnen bei den Morgenmeetings die ganze Zeit der Magen, und der sexy Typ aus der Marketingabteilung hält sich von Ihnen fern;
- haben Sie Mundgeruch;
- sind Sie leicht reizbar und vergraulen Ihre Freunde;
- sind Sie lethargisch und schludrig, Ihre Arbeit leidet darunter, und Sie verlieren Ihren Job.

Kein Frühstück = Arbeitslosigkeit und Einsamkeit. Wenn Sie jeden Tag frühstücken, haben Sie mehr Energie für Ihre Arbeit und Ihre Freunde, halten beim Sex länger durch, und Ihr Atem riecht gut. Dann haben Sie es voll drauf.

Sie frühstücken nicht, weil:

- Sie keine Zeit haben.
- Sie keine Zeit haben.
- Sie zu spät aufstehen.
- Sie keine Zeit haben.

Sie sagen: »Moment mal, ich frühstücke aus dem Grund nicht, weil ich morgens nicht gern esse. Ich habe bis mittags wirklich keinen Hunger«.

Ich sage: »Das ist völliger Blödsinn!«

Erinnern Sie sich, wie das im Urlaub oder auf Geschäftsreisen ist, wenn Sie in einem luxuriösen Hotel übernachten, in dem Sie alles zu essen bekommen, was Sie sich nur wünschen können? Erinnern Sie sich daran, dass Sie es bei solchen Gelegenheiten *immer* schaffen zu frühstücken? Das dachte ich mir.

Von der Annahme ausgehend, dass Sie keinen Butler haben, der Ihnen Zeitung und Hosen bügelt und die Gamaschen poliert, um Ihnen anschließend ein getrüffeltes Wachteleieromelett vorzusetzen, müssen Sie sich eben selbst um Ihr Frühstück kümmern. Die gute Nachricht ist: Das geht verdammt einfach. Sie können Ihr Frühstück in weniger als zehn Sekunden zubereiten. So geht 's:

- Schachtel mit Frühstücksflocken oder Müsli aufmachen, Flocken oder Müsli in eine leere Schüssel geben.
- Milch hinzufügen.
- Essen.

Zack! Schon ist das Frühstück fertig!
Passen Sie aber auf, dass Ihre Fähigkeit, ein Frühstück zuzubereiten, nicht in unangebrachten kulinarischen Übermut umschlägt. Es wird noch dauern, bis das Fernsehen an Ihre Tür klopft, um mit Ihnen eine Kochshow zu machen. Wenn Sie allerdings schon das Spiegeleier-mit-Speck-Stadium erreicht haben, sollten Sie sich unter Umständen einen Agenten suchen.

TRINKEN SIE MEHR WASSER

Sie essen jetzt nicht mehr so viel ungesundes Zeug, Frühstück ist Bestandteil Ihres Morgenrituals, Sie haben gut geschlafen und lassen einen Anstandshappen auf Ihrem Teller liegen.

Sie sind schon auf dem richtigen Weg, aber wahrscheinlich trinken Sie immer noch nicht genug Wasser. (Vielleicht erinnern Sie sich, dass Wasser tödlich sein kann, wenn Sie zu schnell zu viel davon trinken. Trinken Sie mit Verstand.) Wahrscheinlich sind Sie leicht dehydriert, und das macht Sie langsam und behäbig.

Wasser ist gut für Sie. Wasser sorgt dafür, dass Ihr Hirn denkt, Ihre Lungen atmen, Ihr Magen verdaut, und Ihre Milz tut, was eine Milz eben so tut.

Also: Trinken Sie mehr Wasser.

Nehmen Sie ein großes Glas, füllen Sie es bis zum Rand mit dieser wunderbaren, klaren Flüssigkeit, die das Elixier, äh, des Lebens ist, und schütten Sie es in Ihre ausgedörrte Kehle.

Fühlt sich gut an, stimmt's? Machen Sie das Gleiche noch einmal. Und dann machen Sie eine Pause, bis Sie wieder Durst haben. (Klügere Menschen als ich behaupten, dass es, wenn der Durst einsetzt, bereits *zu spät* ist. Aber ich denke, wir können diese Sorge fürs Erste unberücksichtigt lassen, weil wir sonst Gefahr laufen, unser sowieso schon überanstrengtes Hirn mit Informationen zu überladen.)

Wenn Sie zu Hyperhidrose, also zu übermäßiger Schweißproduktion, neigen, kann es sein, dass Sie mehr Wasser brauchen als andere Menschen. Wenn Sie in einem Mittelmeerland leben, wo die Tage heiß und drückend sind, müssen Sie mehr trinken, als wenn Sie sich in einer Doppelhaushälfte in Wanne-Eickel verkrochen haben.

Eines ist sicher, mein lieber ausgetrockneter Leser: Sie bekommen nicht die empfohlene Tagesdosis an Dihydrogenmonoxid (im Volksmund Wasser genannt).

Aber Wasser zu trinken ist echt nervig. Es geht schon damit los, dass man dran denken muss. Es ist viel einfacher, schnell eine Dose Cola aufzumachen, als nach Glas und Wasserhahn zu suchen, den Wasserhahn aufzudrehen, wieder zuzudrehen und zu trinken. Echt? Mal im Ernst: Würden Sie mit kohlensäurehaltigen Getränken duschen? Würden Sie Ihr Auto damit waschen? Natürlich nicht. Doch das hindert Sie anscheinend nicht daran, sich jeden Tag klebrige, kohlensäurehaltige Säfte in Ihren *Körper* zu kippen.

Dankenswerterweise ist Wasser in letzter Zeit wieder sehr in Mode gekommen. Den Zauberern aus den Marketingabteilungen der Softdrink-Giganten ist klar geworden, dass man mit dem guten alten Wasser viel Geld verdienen kann. Es ist ihnen gelungen, uns weiszumachen, dass wir mit unserer Lieblingsmarke Wolkenflüssigkeit unsere Energiespeicher auffüllen können.

Das ist der Grund, warum man überall Menschen mit Wasserflaschen sieht, die ihnen scheinbar an den Händen kleben. Vor 20 Jahren gab es das noch nicht. Da hatten nur Sanitäter, Profisportler und Caterer einen ständigen Wasserbedarf. Aber das ist der *Fortschritt*! Heute kann keiner mehr ohne Wasserflasche aus dem Haus gehen, ohne sich nackt zu fühlen! Heute können Sie sogar mit Edelsteinen besetzte Flaschen kaufen, die von Promis beworben werden. Stellen Sie sich mal vor: Es gibt Hotels und Restaurants mit eigenen Wassersommeliers, die Sie beraten, falls Sie nicht sicher sind, welche Marke am besten zu Ihrer Physiologie passt.

Das ist natürlich Schwachsinn. Wenn Sie das Glück haben, dieses Buch an einem Ort zu lesen, an dem sauberes Trinkwasser aus der Leitung kommt, kostet das Wasser Sie fast nichts. Wenn Sie allerdings zu den bedauernswerten Menschen gehören, die jeden Tag über das Land ziehen müssen, um für sich und den Rest ihrer Großfamilie schmutziges Wasser zu holen, meine ich, dass es nicht das Sinnvollste ist, wenn Sie Ihre Zeit mit dem Lesen dieses Buchs verbringen. (Und ich hoffe ernsthaft, dass Sie in diesem Fall nicht Ihr hart erarbeitetes Geld in seinen Erwerb gesteckt haben.)

Das hier ist Ihr Aktionsplan, da Sie meinen Vorschlag bisher ignoriert haben: Lesen Sie das Kapitel zu Ende. Erheben Sie sich aus Ihrem Polstersessel und gehen Sie in die Küche. Schenken Sie sich ein Glas Wasser ein. Trinken Sie es. Wiederholen Sie das von Zeit zu Zeit.

Sie haben es voll drauf! **Sie haben soeben die Hälfte Ihrer gesundheitlichen Probleme auf einen Schlag gelöst!** (Es kann sein, dass Sie nicht wirklich die Hälfte Ihrer gesundheitlichen Probleme auf einen Schlag gelöst haben. Tatsächlich ist das eine wilde Übertreibung und die abwegige Behauptung eines Individuums ohne Hintergrundwissen in der Medizin oder den alternativen Heilmethoden. Sollten Sie aufgrund der auf der letzten Seite dieses Kapitels aufgestellten Behauptung beschließen, Ihre Medikamenteneinnahme zu stoppen, so werden weder der Autor dieses Buches noch der Verlag hierfür die Verantwortung übernehmen.)

Ihr Urin sollte eine hellgelbe Farbe haben. Wenn Sie die Vorstellung, seine Farbe zu prüfen, eklig finden, lesen Sie bitte noch mal das Kapitel »Wie Sie sich selbst nicht so ernst nehmen«.

EIN HOCH AUF DEN ALKOHOL

Alkohol. Lieben Sie ihn nicht auch? Sie haben den Tag mit harter Arbeit auf dem Feld oder im Steinbruch verbracht – oder damit, die Straßen von langhaarigen Regierungsgegnern zu säubern. Gibt es am Abend *irgendetwas* Besseres als ein eiskaltes Bier?

Können Sie sich einen stilvolleren Einstieg ins Wochenende vorstellen, als eine flammend rote und mit einer knackigen Selleriestange dekorierte Bloody Mary zu trinken? (Weiter oben finden Sie das weltbeste

Bloody-Mary-Rezept.) Und während Ihr Butler Ihnen einen Toast mit Butter schmiert und fragt, ob Sie noch eine Tasse Kaffee wünschen, sagen Sie: »Ach, es wäre doch eine Schande, den restlichen Tomatensaft wegzuschütten. Mixen Sie mir doch noch eine Bloody Mary, mein Guter.«

Die Zivilisation wäre nicht annähernd so zivilisiert ohne Wodka Martinis vor dem und Brandys nach dem Essen. In den Salons englischer Landhäuser haben sternhagelvolle alte Generäle zwischen Portwein und Zigarrenqualm Kriege entschieden. Im Rausch sind Kinder entstanden. Unter Einfluss von Alkohol ergriff junge Liebende ein Gefühl von Wagemut und Romantik, das im nüchternen Zustand nicht bei ihnen aufgekommen wäre. Also zeugten sie Kinder. Zugegeben, diese Kinder waren oft nicht geplant. Aber würde einer von Ihnen seinen kleinen Steppke, der das Resultat von zu vielen Cocktails und einer Nacht im Hotel ist, gegen ein neues Auto oder ein Paar Jeans eintauschen? Natürlich nicht.

Alkohol ist ein die Kreativität ankurbelndes Gleitmittel. Er inspiriert Schriftsteller, Dichter und Künstler. An jenem Nachmittag, als ich diese Zeilen in die Maschine tippte, war ich fröhlich besoffen und in der Folge absolut überzeugt von meiner Klarheit, meiner

Tatenlust und meinem Verstand. Ich bin brillant, und Sie, geneigter Leser, fahren als Sozius mit auf dieser leicht beschwipsten, wundersamen Reise. Haben Sie Geduld mit mir, falls ich anfangen sollte, mich zu wiederholen.

Alkohol dient als gesellschaftlicher »Festgefahrenseinsbefreier« der Wahl für Mauerblümchen und schüchterne Jungs. Gibt es etwas Furchterregenderes als auf eine Party zu kommen, auf der man keine Menschenseele kennt? Am Ende sind Sie gezwungen, höfliche Konversation mit der Frau des Geschäftspartners Ihres Gastgebers zu betreiben, die eigentlich auch keine Lust auf die Party hat. Also kleben Sie den ganzen Abend aneinander, plaudern belangloses Zeug und füllen die langen Pausen dazwischen mit »Ähs« und Gläsergeklapper. Wenn Sie aber als Allerserstes die Bar ansteuern und drei Sex on the Beach kippen, werden Sie feststellen, dass die Party *zu Ihnen kommt*. Noch bevor der Abend vorüber ist, knutschen Sie mit der Barkeeperin und haben einen Flug nach Las Vegas gebucht.

Und für viele komplizierte Lebensfragen sind ein paar Whiskys die perfekte Lösung. Tatsächlich verhält sich die Schwere jedes Problems umgekehrt proportional zu der Tageszeit und der Anzahl von Drinks, die

Sie bereits intus haben. Wenn Sie um drei Uhr früh in Angstschweiß gebadet aufwachen, haben Sie das Gefühl, dass Ihr Problem unlösbar ist. Doch mit Voranschreiten des Tages verliert es an Schrecken. Und um 21.00 Uhr, nach vier Single Malts und einem Teller Pommes, können Sie sich nicht mehr daran erinnern, dass es überhaupt ein Problem gab.

Ja, Alkohol ist eine wunderbare Sache, wenn Sie die Kontrolle behalten. Wenn Sie aber kurz davor sind, torkelnderweise die Kontrolle über die Flasche zu verlieren, ist es an der Zeit einzugreifen. Es ist an Ihnen, im richtigen Augenblick die Peitsche zu schwingen. Lassen Sie die auf dem Boden Ihrer Drambuie-Flasche lebenden Dämonen wissen, dass sie heute nicht zum Spielen herauskommen können, weil Sie am nächsten Morgen arbeiten müssen oder Ihre Frau sich andernfalls scheiden lässt.

Wenn Sie sich im Vorjahr mehr als drei Tage wegen eines Katers freinehmen mussten, haben Sie ein Problem. Es ist Zeit, dass Sie Verantwortung für sich übernehmen.

Der im nächsten Kapitel folgende Rat gilt nicht, wenn Sie Alkoholiker sind oder glauben, einer zu sein. (Übrigens, wenn Sie glauben, dass Sie Alkoholiker sind, trifft das wahrscheinlich zu. Wenn Sie denken, dass Sie im Kampf gegen den Alkohol auf verlorenem Posten stehen, vielleicht auch. Entweder das oder Sie neigen zu Hysterie. Es ist dann in jedem Fall ratsam, sich um Hilfe zu bemühen.)

TRINKEN SIE ALKOHOL IN HOMÖOPATHISCHEN DOSEN

Hier kommt ein Rat, wie Sie die Sache mit dem Alkohol auf die Reihe kriegen – mit freundlicher Genehmigung der Homöopathie.

Für diejenigen, die das nicht wissen: Die Homöopathie ist eine Art medizinische Wissenschaft, die behauptet, dass die zur Bekämpfung einer Erkrankung nötige Substanz am besten in verschwindend geringen Dosen verabreicht werden sollte. Bereits die alleinige *Erinnerung* an das, was Sie einnehmen sollten, damit es Ihnen besser geht, reicht aus, dass Sie sich tatsächlich besser fühlen. So könnte eine homöopathische Zubereitung zur Behandlung Ihrer Gicht einen Teil Anti-Gicht-Mittel enthalten – zum Beispiel getrocknete Dachshaut – und eine Million Teile Wasser.

Nun ist hier nicht der Ort, darüber zu diskutieren, ob Homöopathie wirksam ist oder nicht. Entweder ist sie es oder sie ist es nicht, das kommt ganz auf Ihre persönliche Meinung an. Hier ist aber sehr wohl der Ort, um sich mit der Anwendung der Grundlagen der Homöopathie bei einem geordneten Besäufnis zu befassen, damit Sie potent im Bett bleiben und am Morgen einen klaren Kopf haben.

Die stinkreichen Säufer, die sich jeden Sommer an der Côte d'Azur versammeln, um ihre sonnengebräunten Oberkörper auf mit Partyvolk und vollbusigen Mädchen gefüllten Jachten zu zeigen, kennen diesen speziellen Trick seit Jahren. Es ist die Anwendung einer homöopathischen Trinktechnik, dank derer sie es schaffen, zehn Tage mit Weißwein und Champagner in einem leicht beschwipsten Zustand zu verbringen. **Sie mischen ihren Wein mit Wasser.** Das ist das ganze Geheimnis.

»Aber das ist doch ein Verbrechen!«, protestieren Sie und regen sich darüber auf, dass die gekelterten Trauben durch Zugabe von gemeinem Leitungswasser besudelt werden sollen.

Aber es funktioniert. Eine Flasche Wein kann einen ganzen Tag lang reichen, wenn Sie sie großzügig mit sechs Flaschen *Eau pétillante* strecken.

Wenn Ihnen die biblische Idee von Wein *und* Wasser nicht zusagt, probieren Sie Folgendes aus: Bestellen Sie sich bei Ihrem nächsten Nachtclub-Besuch einen Gin Tonic. Bevor Sie diesen ausgetrunken haben, bestellen Sie noch ein Tonic. Und bevor Sie dieses ausgetrunken haben, bestellen Sie noch ein Tonic. Behalten Sie dasselbe Glas die ganze Nacht. Geben Sie keinen Gin mehr dazu. Allein die *Erinnerung* an den Gin wirkt Wunder, und Sie wachen mit klarem Kopf auf und sind resistent gegen Malaria.

NEHMEN SIE IHREN KATER AN

Wenn Sie meinen Rat aus dem letzten Kapitel ignorieren, werden Sie mit einem Kater aufwachen. Das Hauptproblem bei einem Kater sind nicht die physischen Auswirkungen. Der Brummschädel und die quälende Übelkeit lassen sich mit verschiedenen Lebensmitteln vertreiben.

Das *eigentliche* Problem bei Kater ist das permanente Anklopfen eines unspezifischen Schuldgefühls: Haben Sie am Vorabend womöglich jemanden beleidigt oder sich zum Deppen gemacht?

Dazu kommt aber auch – und das ist der Teil, den Sie sich *jetzt sofort* klarmachen müssen – die Schuld, »unproduktiv« und unnütz zu sein, während Sie mit einem Gefühl herumlaufen, als hätten sich Ihre Eingeweide nach außen gekehrt.

Sie haben die Entscheidung getroffen, sich zu betrinken, Polonaise zu tanzen und sich zu amüsieren. *Jetzt* müssen Sie die Entscheidung treffen, Ihren Kater zu genießen. Das ist der Preis, den Sie für ein abendliches Besäufnis zahlen müssen.

Ertragen Sie den Kater ohne Murren und Klagen.

Ying/Yang, Aktion/Reaktion, betrunken/verkatert. Die Welt kommt bestimmt nicht zum Erliegen, wenn Sie sich im Fernsehen eine Schmonzette angucken, Eis essen und den ganzen Tag Limonade trinken. Geben Sie sich selbst die Erlaubnis für einen freien Tag. Schuldgefühle werden an Ihnen nagen, wenn Sie es zulassen, also nehmen Sie die Dinge selbst in die Hand.

Sie haben Ihren Kater hereingebeten, jetzt müssen Sie auch Verantwortung dafür übernehmen, dass er sich wohlfühlt. Begrüßen Sie ihn mit einem heftigen Nicken, werfen Sie Kopfschmerztabletten ein, und hören Sie auf, sich selbst zu bestrafen. (Haftungsausschluss und eine Wiederholung dessen, was ich am Ende von Lektion 6 gesagt habe: Wenn Sie über 25 und öfter als zwei- oder dreimal pro Woche verkatert sind, ignorieren Sie den Rat aus dieser Lektion und besorgen Sie sich professionelle Hilfe. Sie haben sie dringend nötig.)

ARBEIT UND GELD

Puh! Trotz all der coolen Sachen des Lebens scheinen Arbeit und Geld einem immer in die Quere zu kommen. Auch wenn Sie sich redlich bemühen, das zu ändern, hat es den Eindruck, als würden Sie die meiste Zeit und die meiste emotionale Energie in diese beiden Dinge stecken, richtig?

Egal wie oft Sie sich sagen: »Ich muss mich auf meine Gesundheit und Zufriedenheit und Beziehungen und das herrlich flauschige Gefühl konzentrieren, das sich in meinem Solarplexus ausbreitet, wenn all die Dinge im Leben, für die meine rechte Hirnhälfte zuständig ist, gut laufen« – am Ende müssen Sie doch jeden Morgen ins Auto oder in den Bus steigen und zur Arbeit fahren. Sie müssen arbeiten, weil Sie Geld für Ihren Lebensunterhalt brauchen.

Sie brauchen Geld für Ihren Lebensunterhalt, weil Sie ein verantwortungsbewusster erwachsener Mensch sind, und das ist an sich eine sehr gute Sache. (Wenn

Sie sich entschieden haben, nicht aufzustehen und für Ihren Lebensunterhalt zu arbeiten, sondern lieber von dem leben, was der Staat, Ihre Eltern oder willensschwache alte Verwandte Ihnen zahlen, meinetwegen. Dann brauchen Sie dieses Kapitel nicht, Sie arbeitsscheuer, schnorrender Nichtsnutz.)

Wenn die *Arbeit* Sie nur nicht so *nerven* würde. Und die meisten *Gelddinge nerven* auch. Die Rückzahlung von Krediten nervt. Steuern zu zahlen nervt extrem, besonders wenn Sie feststellen, dass das Geld in die Resozialisierung des widerlichen Typen gesteckt wird, der letzte Weihnachten Ihren DVD-Player geklaut hat. Oder für neue Parkplätze vor dem Golfplatz verwendet wird.

Aber wenn Sie Geld brauchen, müssen Sie nun einmal arbeiten. Leben Sie damit. In diesem Kapitel geht es darum, die Arbeit so zu gestalten, dass sie weniger nervt, und einige oft zitierte und noch öfter ignorierte Ratschläge zu den Themen Geld, Schulden und Ähnliches zu wiederholen.

IHR JOB IST IHRE ARBEIT, NICHT IHR LEBEN

Arbeit nervt, richtig? Es kann natürlich sein, dass Sie Glück haben. Vielleicht haben Sie zwar keinen Superjob, aber einen, der »o.k.« oder »gar nicht so übel« ist. Wahrscheinlicher aber ist, dass Ihr Job einfach nur »furchtbar« ist.

Sie gingen zur Schule. Sie bestanden alle Prüfungen, machten Ihren Hochschulabschluss und hatten einige schreckliche Jobs, ehe Sie den beruflichen Volltreffer landeten, den Sie sich immer erträumt hatten. Aber in den letzten sechs Jahren haben Sie Ihren Job mit nicht allzu viel Begeisterung gemacht.

Hier kommt ein wichtiger Rat: Ich werde Ihnen gleich zeigen, wie Sie sich von einer unterwürfigen Fußmatte, die permanent vor dem Geräusch der Schritte ihres Chefs Angst hat, in den Vorstandsvorsitzenden der Großartig AG verwandeln. Aber noch sind Sie nicht am Ziel, also müssen Sie in der Zwischenzeit das folgende Mantra lernen und beständig wiederholen. Ich schwöre, dass dies das einzige Mantra ist, das Sie in diesem Buch finden werden. Ich betrachte es als Appell oder als Gebot, nicht als Mantra.

Doch wenn Sie beim Lesen bisher gedacht haben: »Alles schön und gut, aber ich wünschte, ich hätte etwas, das ich ausdrucken und als tägliche Erinnerung mit Klebeband an den Badezimmerspiegel heften kann«, dann ist es dies hier (Trommelwirbel, bitte …): **»Mein Job ist, womit ich mich beschäftige, nicht das, was ich bin.«**

Wenn zu Ihrem Job gehört, dass Sie Erdlöcher graben, Brote belegen oder Heftklammern sortieren, bedeutet das nicht, dass Sie ein Löchergraber, Brotbeleger oder Heftklammernsortierer sind. Das ist nur das, was Sie bei der Arbeit tun. Wenn Sie Anwalt sind, wird man annehmen, Sie seien ein geldgieriger, doppelzüngiger und durchtriebener Spross Satans. Aber das wäre ein Irrtum, richtig? Sie üben einfach nur den Beruf des Anwalts aus.

Menschen, mit denen es sich abzugeben lohnt, werden Sie nicht dafür verurteilen, dass Sie die Dinge, die Sie zwischen neun und 17 Uhr tun, brillant beherrschen. **Menschen, mit denen es sich abzugeben lohnt, wird es sogar egal sein, womit Sie Ihren Lebensunterhalt verdienen** (es sei denn, Sie machen Werbung für Zigaretten oder arbeiten als Lobbyist für Schusswaffen). Menschen, mit denen es sich abzugeben lohnt, werden Sie nicht danach beurteilen, ob Sie gut darin sind, Heftklammern zu sortieren, den Fotokopierer zu bedienen oder Briefumschläge abzulecken. Und wenn Sie richtig mies in Ihrem Job sind? Wenn Sie mit den Produkten, die Ihre Firma am Laufen halten, nie ganz warm geworden sind und es niemals zum Mitarbeiter des Monats gebracht haben? Dann machen Sie sich keine Sorgen. Das spielt keine Rolle. Sie müssen sich mit dem ganzen Quatsch, der im Büro oder in der Fabrik oder im Wildpark passiert, abfinden. Das gehört zum Deal.

Es kann sein, dass es Leute gibt, die Zeit mit Ihnen verbringen, weil Sie ein toller Buchhalter oder ein ausgezeichneter Schleimer oder eine Spitzenschreibkraft sind. Aber das sind die Art Menschen, die Sie lieber meiden sollten. Es sind die gleichen, die sagen: »Ich kann unmöglich mit Denise ausgehen. Ihre letzte Präsentation über vertikale Marktsegmentierung war total daneben.« Die Art von Mensch, mit dem Sie sich gern abgeben sollten, sagt Dinge wie: »Ich würde gern mit Denise ausgehen. Sie ist sympathisch. Keine Ahnung, womit sie ihren Lebensunterhalt verdient.« Ihre Freunde werden Ihre Freunde bleiben, ob Sie nun irgendwelche Deals abschließen, Burger braten, eine freundliche Telefonstimme haben oder nicht.

Sicher, es ist ein Vorteil, wenn Sie, um Ihren Lebensunterhalt zu verdienen, das tun dürfen, was Sie gern tun, aber höchstwahrscheinlich ist das nicht der Fall. Und damit sind Sie in guter Gesellschaft.

Sie können beschließen, Ihren miesen Job hinzuschmeißen (hierzu später mehr) oder mit ihm zu leben. So oder so, es ist Ihre Entscheidung.

Wenn Sie beschließen, Ihren miesen Job zu behalten, sollten Sie Folgendes im Hinterkopf haben: Man wird sich nicht wegen unserer Gedanken an uns erinnern, sondern wegen unserer Taten. Doch wenn Sie nicht gerade Kurator eines bekannten Instituts, Politiker oder Staatsvertreter sind, zählen Ihre bei der Arbeit vollbrachten Taten gar nichts. Arbeit ist das, womit Sie sich abfinden müssen, damit Sie weitaus coolere Sachen machen können.

SORGEN SIE DAFÜR, DASS IHRE ARBEIT SIE WENIGER NERVT

Wenn Arbeit etwas ist, womit Sie sich abfinden müssen, sollten Sie dafür sorgen, dass sie Sie so wenig wie möglich nervt.

Die restlichen Dinge in Ihrem Leben sind klar geordnet. Tatsächlich haben Sie zu Hause und in Ihrer

Freizeit alles im Griff. Außerhalb der Arbeitszeit sind Sie ein wahrer Meister des Zeitmanagements. Sie wenden die Acht-Minuten-Regel an und delegieren Aufgaben an eine Armee williger Putzfrauen und an Gärtner im Teenageralter. Ihr Leben daheim ist endlich erträglich. Aber noch immer fahren Sie jeden Tag mit einem beklemmenden Gefühl in der Brust zur Arbeit. Solche Tage sind lang, richtig? Geben Sie es zu, Sie hassen sie!

»Fragen Sie lieber nicht mich«, sagen Sie. »Obwohl ich der Chef bin, trage ich ein Mäntelchen der Scheinheiligkeit. Ich sage allen meinen Mitarbeitern, dass sie sich voll auf die Erstellung der Umsatzprognose für die kommende Woche, auf das Schönen der Zahlen für die jährliche Hauptversammlung der Aktionäre oder auf die Reinigung der Dingsbumsmaschine für die monatliche Inspektion konzentrieren sollen. Doch tief in meinem Herzen denke ich nur ans Golfspielen, den Junggesellenabschied am nächsten Wochenende und an meine Einladung auf die coole Ü30-Party.«

Und wenn Sie nicht der Chef sind, sind Sie noch schlimmer dran. Dann haben Sie nicht die Möglichkeit, Jobs zu delegieren oder sich auf andere Art zu drücken, wenn Sie der Aussicht auf das Befüllen von Umschlägen, Ölen von Maschinen oder Durchsortieren verwertbarer Reststoffe nichts abgewinnen können. Für Sie ist das Arbeitsleben echt nervig. In einem der folgenden Kapitel werde ich Ihnen eine einfache Lösung verraten, mit der solche Situationen bald der Vergangenheit angehören. Doch noch sind Sie nicht am Ziel.

In der Zwischenzeit brauchen Sie Methoden zur »schnellen Brandbekämpfung«, damit Ihr Arbeitstag sich weniger lang hinzieht. Probieren Sie sie aus – Sie werden feststellen, dass die Zeit dann fast wie im Flug vergeht. Hier aber zunächst eine Sache, die Sie bei der Arbeit **nicht** tun sollten: **im Internet surfen!**

Lassen Sie das bleiben! Bei der Arbeit gelten dieselben Regeln wie zu Hause. Wenn Sie das große Glück haben, in einem Büro zu arbeiten, wo Sie mit dem Bildschirm zur Wand sitzen und die IT-Abteilung Ihre Aktivitäten im Internet nicht überwacht, ist die Versuchung wahrscheinlich ziemlich groß, den Tag damit zuzubringen, all Ihre Exfreunde bei Facebook aufzustöbern. Unter Umständen hat Ihnen ja auch jemand ein wahnsinnig witziges Video über einen Typen geschickt, der vom Skateboard fällt, und während Sie es sich ansehen, stellen Sie fest, dass es noch 1900 andere Videos von Personen gibt, die vom Skateboard stürzen. Wenn Sie sich derartige Videos ansehen oder auf Facebook Bilder alter Schulfreunde durchforsten und sich darüber wundern, wie hässlich deren Ehepartner und Kinder sind, wird das nicht dazu beitragen, dass Ihr Arbeitstag schneller zu Ende ist. Tatsächlich führt Surfen im Internet nur dazu, dass Sie sich *schlecht* fühlen.

Sie fühlen sich mies, weil Sie eigentlich gern das Gefühl hätten, etwas Produktives zu leisten. Wenn Sie sich bei der Arbeit – und in einem *idealerweise* von echter *Arbeit* bestimmten Umfeld – befinden, machen Sie sich Ihr Tagesziel durch ein besonders unproduktives Verhalten zunichte. (Außerdem werden Sie, wie bereits erwähnt, durch exzessive Internetnutzung verblöden. Egal, wie hoch Ihr IQ früher war, er wird durch Bilder von Typen in Bermudashorts, die vom Skateboard fallen, langsam, aber sicher abnehmen. Im Ernst: Ihre geistige Kapazität ist gering genug. Belasten Sie sie nicht mit zusätzlichem Mist.)

Die beste Methode, um Ihren Arbeitstag weniger nervig zu gestalten, ist: **Tratschen**!

Tratsch ist der Grund, warum wir auf der Welt sind. Wir sind *nicht* auf der Welt, um Tabellen zu erstellen und Finanzplanung zu betreiben. Das ist das Machwerk von Menschen mit Zwischenablagefächern und massig Gel im Haar. Wir jedoch sind hier, um mit anderen Menschen zu kommunizieren. Kann es da eine bessere Methode geben, als seine Zeit in einem realen Dialog mit Menschen aus Fleisch und Blut zu verbringen? Und das Büro ist der *ultimative* Ort für Klatsch und Tratsch, weil es sich hier so verboten anfühlt. Da an einem modernen Arbeitsplatz jeder sein Etikett verpasst bekommt, haben Sie vielleicht das Gefühl, dass es nicht angebracht ist, über den Filialleiter, den Vorstandschef und auch nicht über den Sachbearbeiter aus der Poststelle zu reden. Aber gerade deshalb macht es ja so viel Spaß. Stehen Sie an der Kaffeemaschine, wann immer es geht. Flüstern Sie. Je unangebrachter das Thema, desto besser die Qualität des Tratsches.

Hier zwei Tipps für besseren Tratsch:

1. Fangen Sie mit dem Rauchen an, falls Sie nicht sowieso schon Raucher sind. Wenn Sie alle eineinhalb Stunden für sieben Minuten das Büro verlassen, ergeben sich noch mehr Möglichkeiten zur Verbreitung von Schauergeschichten. (Fangen Sie bloß nicht an zu rauchen! Meine Nachkommen können es sich nicht leisten, wenn Sie mich in 40 Jahren dafür verklagen, dass Sie heute mit dem Rauchen angefangen haben. Tun Sie einfach nur so.)

2. Wenn Sie über andere Menschen tratschen, müssen Sie akzeptieren, dass man auch über Sie tratscht. Nehmen Sie diese Tatsache an und sorgen Sie dafür, dass Sie auf Ihnen zu Ohren kommende Gerüchte, was Sie am Wochenende getrieben haben, bühnenreif, laut und völlig übertrieben reagieren. Dadurch erscheint das Ganze dramatischer, theatralischer und skandalöser, und Sie stellen sicher, dass der Tratsch auch in den nächsten Tagen und Wochen nicht an Brisanz verliert.

MACHEN SIE URLAUB

Sie sind also bei der Arbeit, und, oh Wunder, dank Tratsch und Zigarettenpausen und weil Sie das unglaubliche Glück haben, dass Ihr Chef Sie nicht nervt, ist Ihr Job gar nicht so übel. Nichts kann Sie aus der Ruhe bringen. Sie treffen allmorgendlich im Büro ein, begrüßen die Kollegin am Empfang, nehmen Dinge in Ihre To-do-Liste auf und haken Erledigtes ab. Sie arbeiten den Posteingang Ihres E-Mail-Kontos ab, dann treffen wieder 50 neue Mails ein, und wenn Sie alles bearbeitet haben, ist der Posteingang leer.

Lieferanten werden immer pünktlich entlohnt, weil

Sie ein ausgezeichnetes System zur Bezahlung von Rechnungen haben. Sie bekommen von Ihrem Chef für Ihre letzte Präsentation eine Eins mit Sternchen, und er hat beiläufig erwähnt, dass Sie vielleicht befördert werden oder Ihre Leistungen auf der Weihnachtsfeier besonders gewürdigt werden. Ihr Arbeitsleben ist also o.k., und Sie gestehen sich ein wenig Selbstzufriedenheit zu. Wenn Sie weiterhin hart arbeiten, können Sie mit 65 in Rente gehen und die Welt bereisen. Vielleicht schmeißt das Büro sogar eine kleine Party zu Ihrem Ausstand. Das ist doch etwas, worauf man sich freuen kann, oder etwa nicht?

Nein. Das ist es nicht. *Das hört sich furchtbar an.* Sie sind dafür verantwortlich, dass Sie Ihr Leben *jetzt* genießen. Denken Sie daran: Ihre Arbeit ist das, was Sie von neun bis 17 Uhr machen. Es ist nicht das, was Sie sind. Sie definieren Ihre Person nicht über Ihre Arbeit. Arbeit ist, wie Sie sich erinnern werden, der nervige Kram, den Sie durchziehen müssen, um den Rest des Lebens genießen zu können. (Wenn es bei Ihnen so ist, dass Sie leben, um zu arbeiten, müssen Sie sich ein Leben zulegen. Für die, die sich das leisten können, ist die Vereinbarkeit von Berufs- und Privatleben eine feine Sache. Doch wenn Sie sich mehr auf Ihre Arbeit freuen als darauf, am Ende des Tages wieder nach Hause zu kommen, müssen Sie in Ihrer heimischen Umgebung etwas ändern. Verlassen Sie Ihren Ehemann. Es zeichnet sich deutlich ab, dass er nicht gut für Sie ist.)

Sie müssen Ihr Leben jetzt genießen. Konzentrieren Sie sich nicht auf die Reichtümer, die Sie fürs Rentenalter anhäufen, indem Sie heute sparsam leben. Konzentrieren Sie sich nicht auf das Ziel, sondern auf den Weg. Und das heißt auch, Urlaub zu machen. Wenn Sie keinen Urlaub machen, haben Sie am Jahresende 1000 oder 2000 Euro mehr im Geldbeutel.

Was für eine Verschwendung von gespartem Geld.

»Schatz, ich freue mich jetzt schon auf unsere Pensionierung in 25 Jahren. Ich hoffe, dass wir dann noch leben. Dann können wir in Urlaub fahren. Das wird uns viel Spaß machen, oder?« *Nein.* Wird es nicht. Es wird keinen Spaß machen, sondern eher anstrengend sein. Sparen Sie nicht Ihr gesamtes Geld für vergnügliche Dinge im Rentenalter auf. **Geben Sie es jetzt aus, und gönnen Sie sich mehr Spaß.** Selbst für einen topfitten jungen Menschen ist die Besteigung des Machu Picchu ziemlich hart. Machen Sie es sich nicht noch schwerer, indem Sie bis zum Einsetzen der Osteoporose warten, ehe Sie losziehen.

Geben Sie sich selbst die Erlaubnis, sich Ihre Sandalen und Ihre Bermudashorts zu schnappen und an den Strand zu gehen, auf einen Berg zu klettern oder an fremden Orten unbekannte Lebensmittel zu essen. Reiten Sie auf einem Esel. Gönnen Sie sich etwas Spaß. Auf Reisen machen Sie die Bekanntschaft von interessanten Menschen. Wenn Sie reisen, lernen Sie die Welt kennen – und werden mal woanders krank.

Hier einige Dinge, an die Sie denken sollten, um das Optimum aus Ihrem Urlaub herauszuholen:

- Sie werden immer ein Tourist bleiben – es sei denn, Sie sind ein Ortsansässiger. Sie sind kein Reisender. Reisender dürften Sie sich nur nennen, wenn das Gebiet, das Sie durchwandern, kartografisch noch nicht erfasst ist – was aber heutzutage kaum mehr der Fall ist.
- Selbst wenn Sie in einem fremden Land ortsansässig sind, werden Sie nicht zum Einheimischen – es sei denn, Sie sprechen die Sprache und heiraten jemanden, der dort geboren ist. Es reicht nicht, einen Sarong zu tragen, sich Henna-Tattoos machen oder Zöpfchen flechten zu lassen. Wenn Sie sich eisern gegen die Bezeichnung Tourist wehren, riskieren Sie, Sachen zu verpassen, die wirklich lohnenswert sind. Vielleicht halten Sie eine Reise zu den ägyp-

tischen Pyramiden für klischeebeladen. Aber das macht nichts. Ein Klischee ist ein Klischee, weil eine gewisse Wahrheit darin steckt, und Besichtigungstouren haben die Tendenz, sich auf die Aussichtsziele zu konzentrieren, die wirklich lohnenswert sind. Sich mit Einheimischen zu treffen ist o.k., aber keine Pflicht. Es ist völlig legitim, ein Tourist zu sein. Genauso ist es in Ordnung, sich mit emigrierten Freunden aus der Heimat zu verabreden. Nach Tokio zu reisen, nur um dort im Hofbräuhaus zu essen, ist zwar eine ziemlich dämliche Idee, aber wenn es das ist, was Sie wollen, dann machen Sie es eben.

- In unterschiedlichen Ländern werden unterschiedliche Sprachen gesprochen. Es ist recht unwahrscheinlich, dass jeder auf Deutsch mit Ihnen kommunizieren kann. Sollte dies ein Problem für Sie darstellen, wählen Sie halt ein Reiseziel wie Österreich, die deutschsprachige Schweiz oder Liechtenstein.
- Das Essen ist anders als zu Hause. Manchmal ist es würziger, manchmal fleischlastiger, und manchmal wird Fleisch von Tieren serviert, die Sie nicht auf dem Teller erwarten würden. Wenn Sie kulinarischen Überraschungen aus dem Weg gehen möch-

ten, sollten Sie in Gebiete reisen, wo es Sachen zu essen gibt, die Sie kennen. Hier empfehlen sich Mallorca, die Kanarischen Inseln und Salzburg.

- Die Währung ist ebenfalls nicht zwangsläufig dieselbe wie zu Hause, außer Sie bereisen nur Länder der Eurozone. Da haben Sie dennoch eine schöne Auswahl.

IHRE ARBEITSSTELLE IST NICHT SICHER

Sie machen also ab jetzt Urlaub. Das ist cool. Und Ihre Arbeitsstelle ist überraschenderweise auch ein Volltreffer. Schauen Sie sich nur an, Sie Glückspilz! Sie kriegen fast alles auf die Reihe!

In Ihrem Fall ging das schon in jungen Jahren los, nicht wahr? Sie studierten acht Jahre lang Medizin mit Spezialgebiet Neuroproktologie, arbeiteten anschließend vier Jahre als Arzt im Praktikum und sind jetzt *der* Experte Ihres Fachs. Sie haben fleißig gelernt, so, wie Ihre Mutter es Ihnen beigebracht hat. Klapse auf den Hintern und Drohungen der Art »Was willst du bloß mit deinem Leben anfangen?« waren bei Ihnen gar nicht nötig, weil Sie einen eigenen *Antrieb* hatten. Sie schwitzten über Ihren Hausaufgaben und hörten auf, mit Stefan auf Bäume zu klettern, damit Sie Ihre Abhandlung über die nächtlichen Urinausscheidungsgewohnheiten bei der gemeinen Feldmaus rechtzeitig fertig bekamen. Sie bekamen *jede Woche* eine Eins mit Sternchen und ein Smiley in Ihr Schulheft. Sie schlossen Ihr Studium in der Regelstudienzeit ab und bestanden die neunmonatige Einarbeitungszeit in Ihrem neuen Job mit Bravour. Anschließend schufteten Sie und schleimten sich ein, um sich als Geschäftspartner interessant zu machen. Und das sind Sie mittlerweile. Und Sie fahren einen BMW. Ihre Familie macht Ferien auf den Bahamas, und Sie sehen sie immerhin am Wochenende. Sie sind ein echter Rockstar.

Unter Umständen sind oder waren Sie das ja aber gar nicht; vielleicht war das gar nicht Ihre Geschichte. Vielleicht fiel Ihnen nicht alles zu, und Sie mussten sich ziemlich durchbeißen. Sie hatten Schwierigkeiten, sich zu konzentrieren, zu lernen und Leistung zu erbringen. Es war nicht so, dass Sie sich nicht bemüht hätten, aber Sie waren einfach keine Leuchte. Also fanden Sie sich resigniert damit ab, dass Sie kein Geschäftspartner und kein Arzt wurden. Sie wussten, wo Ihre Grenzen lagen, und beschlossen, sie einzuhalten. Und jetzt gehen Sie jeden Tag zur Arbeit. Das stimuliert Sie weder geistig noch körperlich. Die Arbeit erhellt nicht Ihren Tag – und auch nicht Ihr Gemüt. *Aber so schlecht* ist sie dann auch wieder nicht.

Nachdem Sie acht Stunden Hühnern die Schnäbel gekürzt, Soße aus dem Topf geschöpft, Rasen gemäht oder Schuhe poliert haben, bekommen Sie als Gegenleistung etwas *sehr Wichtiges:* Abende mit Ihrer Familie und Essen, um auch Ihre Kinder zu ernähren. Und das muss reichen.

Und dann passiert Folgendes:

- Irgendein Franzose macht in einer deutschen Bank in Luxemburg etwas auf seinem PC, was er nicht tun sollte und was dazu führt, dass Ihre Kunden Sie nicht mehr bezahlen. Sie haben diesen Typen zwar nie getroffen, aber es hat den Anschein, dass Sie wegen ihm jetzt arbeitslos sind.
- Der Amerikaner mit der Zigarre im Mund, den Sie hin und wieder auf dem Parkplatz sehen, verkauft irgendetwas an ein unbedeutendes Mitglied der saudiarabischen Königsfamilie. Ärgerlicherweise bedeutet das, dass Sie von nun an nicht mehr gebraucht werden.
- Ihr Chef brennt mit Sandra aus der Revisionsabteilung durch. Sein Nachfolger ist Georg. Georg kann

Sie nicht leiden. Also müssen Sie den Job wechseln.

- Irgendein Moppelchen verprasst die gesamte Pensionskasse und stürzt von einem Kreuzfahrtschiff. Sie müssen sich einen neuen Job suchen.
- Sie müssen aus den unterschiedlichsten Gründen gehen; auf keinen davon haben Sie Einfluss – und verstehen tun Sie sie auch nicht.

Sie haben also keine Arbeit mehr. Und jemand anders ist daran schuld. (Das ist vielleicht einer der Fälle, in denen Sie die Verantwortung dafür nicht übernehmen müssen. Doch Verantwortung hin oder her, es ist immer noch *Ihr* Problem.) Doch so muss es nicht kommen.

Sie haben eine andere Wahlmöglichkeit: **Sie können für sich selbst arbeiten.** Wenn Sie für sich selbst arbeiten, werden Sie niemals arbeitslos, und das Beste daran ist: Sie müssen vor Ihrem Chef keinen Kotau machen und ihm auch nicht in den Hintern kriechen.

Sicher, es kann der Fall eintreten, dass Sie nicht genügend Kunden haben, finanziell ums Überleben kämpfen, ein Jahr lang von Ravioli aus der Dose leben oder andere Dinge ertragen müssen. Aber dann werden Sie nicht jemand anderem die Schuld dafür geben.

Sie werden die endgültige Verantwortung für Ihr Leben übernommen haben. Das kann einem schon Angst machen, oder?

(Keine Sorge – ich zeige Ihnen, wie das geht.)

DIE WAHRHEIT ÜBER GELD

Sie stehen kurz davor, für sich selbst zu arbeiten. Es ist an der Zeit, dass Sie die Geldmonster verjagen, die dafür sorgen, dass Ihnen ganz schwindelig wird, wenn Sie auch nur an Ihre Finanzen denken.

Ein gesundes Bankkonto und ein respektvolles Verhältnis zum Geld sind solide Wegbereiter für Ihr angestrebtes Leben als sorgenfreier Playboy mit Hang zum Unkonventionellen.

Mit Geld können Sie sich *alle möglichen* schönen Dinge kaufen. Sie können an exotischen Orten Urlaub machen und mit Ihren (neuen) Freunden einen draufmachen. Sie können sich Spielzeuge leisten, die größer und gefährlicher sind als die von Otto Normalverbraucher und weitaus mehr Spaß machen. Sie können die Arbeit sein lassen und sich in die Sonne legen, bis Ihnen die Wangen glühen, oder Sie können mit großzügigen Spenden für wohltätige Zwecke Ihre Seele aus dem Fegefeuer holen, die dort für das Gerücht brennt, das Sie über Sabine und ihren jüngeren Bruder verbreitet haben. Aber noch haben Sie dieses Geld nicht.

Immer langsam, mein Bester! Wir haben es gleich geschafft. Was jetzt folgt, ist eine freundliche Erinnerung daran, dass Sie etwas von Geld verstehen, auch wenn Sie die *Financial Times* nicht lesen können, ohne einen Wutanfall zu bekommen. Können Sie sich noch an den Unterschied zwischen »einfach« und »leicht« erinnern? Geld ist beides. Das stimmt wirklich. Es ist binär; es besteht aus Zahlen auf einem Bildschirm. In früheren Zeiten war Handeln die Norm. Handeln ist, wenn Sie zu Fred, dem Küfer, sagen: »Fred, mir gefallen deine Fässer; ich denke, ein Fass hat etwa den gleichen Wert wie dieser Ballen Sackleinen. Lass uns tauschen.« Und dann kam das Geld und machte alles kompliziert. Sorgen wir doch dafür, dass es wieder einfach wird.

Mit Geld kaufen Sie, was Sie brauchen und wollen. (Dinge, die Sie brauchen, haben natürlich Vorrang.) Es muss Sie nicht um den Verstand bringen.

Denken Sie an einen Ihrer persönlichen Helden. Suchen Sie sich jemanden aus, der ausgeglichen und freundlich ist und dazu noch Empathie und emotionale Intelligenz besitzt, und sehen Sie sich seine Einstellung zum Geld an. Die ist wahrscheinlich ein bisschen anders geartet als Ihre, stimmt's? Jetzt versuchen Sie, so zu sein wie Ihr Held. Kopieren Sie sein Verhalten. Das bringt Sie in Balance.

Ja, ja, ich weiß, dass Sie es wissen. Wir alle wissen es: Geld ist nicht *so* wichtig. Aber unglücklicherweise werden Sie zur Umsetzung vieler in diesem Buch erwähnter Punkte ein Dach über dem Kopf und einen vollen Magen brauchen. Dafür ist es nötig, dass ausreichend Geld auf Ihrem Konto ist. Geld ist Ihre Eintrittskarte, um an all die lebenswichtigen Güter und auch an nicht ganz so wichtige Erfahrungen heranzukommen. Das klingt wie ein Glücksrezept! *Oh Mann, Geld ist so cool!*

Sie haben ein Verhältnis zu Geld, ob Ihnen das nun gefällt oder nicht, und Sie müssen *jetzt* entscheiden, wer der Boss ist. *Sie* müssen der dominante Partner sein; **Sie müssen die Oberhand über das Geld behalten.** Hier geht es um Kontrolle. Sie können entweder Sklave finanzieller Forderungen sein, oder Sie beherrschen mit eiserner Willenskraft das Geldmonster. Entscheiden Sie sich für Letzteres.

Machen Sie sich das Geld untertan, und Sie werden sehen, wie Ihr Selbstbewusstsein wächst, Ihr Kontostand im *Plus* ist und Sie nicht mehr länger rote Zahlen schreiben.

SO VERDIENEN SIE GELD

Sie haben also beschlossen, für sich selbst zu arbeiten. Gut. Denn Ihr vorheriger Job war nicht sicher, und es gab nichts, was Sie dagegen hätten tun können.

Sie haben keine Angst mehr vor Geld. Das sind nur Zahlen. Und jetzt müssen Sie ein bisschen was verdienen.

Sie sind sich nicht sicher, wie Sie das anstellen sollen? Keine Sorge. **Geldverdienen geht folgendermaßen: Sie verkaufen eine Sache für mehr Geld, als Sie dafür bezahlt haben.** Was auch immer Sie verkaufen – Ihre Zeit, Ihr Grillset für Einsteiger, den Karton mit den taiwanesischen Linksfüßer-Turnschuhen, Ihren Körper. Es spielt keine Rolle. Sie verkaufen etwas und werden dafür bezahlt.

Sie sollten daher für sich herausfinden, was Sie verkaufen wollen. Vielleicht ist es ein *Produkt*? Vielleicht kennen Sie einen Typen, der einen Typen kennt, der einen Bruder in Sri Lanka hat, dem eine Gummihandschuhfabrik gehört? Großartig. Gummihandschuhe werden immer gebraucht. Verkaufen Sie sie. Vielleicht bereuen Sie auch den Tag, an dem Sie aus Italien in Ihr Heimatland zurückgekehrt sind, denn niemand macht so tolles Lakritzeis wie Giuseppe auf der Piazza del Campo. Rufen Sie Giuseppe an, bringen Sie ihn dazu, dass er Ihnen eine Wagenladung rüberschickt, und verscheuern Sie sie in der Nachbarschaft.

Aber vielleicht sind *Produkte* gar nicht Ihr Ding. Produkte zu beschaffen ist schwierig, und Sie kennen niemanden in Sri Lanka und auch niemanden mit dem Namen Giuseppe. Keine Sorge! Sie können *Beratung* machen! Das Schöne am Beraten ist, dass jeder, der auch nur ein klein wenig Geschick hat, es tun kann. Suchen Sie sich Ihre Nische. Sie kennen sich in *irgendetwas* aus. Es gibt *mindestens eine* Sache, über die Sie so viel wissen, dass Sie Ihre Expertise eintüten und verkaufen können. Wenn Sie clever, überzeugend und engagiert sind, werden Sie es schaffen, jemanden zu finden, der wissen will, womit Sie sich beschäftigen, und Sie dafür bezahlt.

Worin sind Sie gut? Bei welchen Dingen holen Leute sich bei Ihnen Rat? Die Art von Rat, die Sie in Rechnung stellen können? Was ist mit den vielen Stunden, in denen Sie Online-Poker gespielt haben, statt zu arbeiten? Dabei dürften Sie doch ein paar Falschspielertricks gelernt haben, oder? Oder vielleicht können Sie auch super stricken? Großartig! Dann stricken Sie etwas Cooles, zum Beispiel Handschuhe für Biertrinker, und verkaufen Sie sie. Später verdienen Sie Ihren Lebensunterhalt damit, dass Sie anderen zeigen, wie sie ihre *eigenen* Bierhandschuhe stricken können. Damit sind Sie schon auf halbem Weg zu Ihrer ersten Million.

Aber! Selbst wenn Sie eine Sache wirklich gut beherrschen, bspw. das Impfen von Koi-Karpfen oder das Aufspüren von Trüffeln mit der Wünschelrute oder die Heilung manisch-depressiver Katzen, werden Ihnen selbst die ausgefallensten Talente nichts nützen, wenn es Ihnen nicht gelingt, sie an den Mann zu bringen und Geld dafür zu verlangen. Blättern Sie daher zurück an den Anfang des Buchs, und lesen Sie das Kapitel »Seien Sie zuversichtlich« noch einmal. **Tun Sie so, als hätten Sie Selbstvertrauen, bis Sie tatsächlich welches haben. Dann hören Sie auf, so zu tun, als ob.**

Achten Sie aber darauf, dass Sie sich die richtige Marktnische aussuchen. Es wäre nicht besonders klug, sich ohne eine entsprechende Ausbildung als Chirurg oder Simultandolmetscher zu versuchen.

Von all den praktischen und einfachen Schritten in diesem Buch ist dies der Schritt, den Sie nicht wagen werden. Sie werden den Schritt nicht wagen, weil Sie Angst haben. Sie haben Angst, weil Sie Verantwortung tragen müssten. Sie haben Angst, weil es vielleicht nicht funktioniert. Sie haben Angst, weil Sie nicht wissen, ob Ihre Idee etwas taugt, oder weil ein Geschäft zu gründen die Domäne der *anderen Menschen* ist.

Der Unterschied zwischen den *anderen Menschen,* die ein Geschäft gründen, und *denen, die es bleiben lassen,* hat nichts mit Genen, Therapien, Chancen oder zahnärztlichen Krankenakten zu tun. Es hat etwas zu tun mit einer Sache, die Sie bereits gelernt haben. Es geht darum, dass Sie sich selbst die Erlaubnis geben und die Zuversicht eines Heiligen mitbringen, der an der Himmelspforte steht. Sie können Ihr eigenes Geschäft gründen, und Sie *sollten* Ihr eigenes Geschäft gründen. Sie können das, weil Sie es draufhaben.

NICHTS IST UMSONST

Haben Sie sich das Geld untertan gemacht? Gut. Sie müssen das tun, denn **nichts ist umsonst**.

Na toll, noch so eine Binsenweisheit aus einem Buch, das eigentlich den Untertitel »101 Ratschläge des gesunden Menschenverstands« hätte tragen sollen.

Sie wissen, dass alles seinen Preis hat, nicht wahr? Sie wissen, dass wenig – das heißt, eigentlich *gar nichts* – auf diesem Planeten umsonst ist? Sie bezahlen für alles, was Sie bekommen, entweder vorher oder gleich hinterher oder irgendwann später.

Wie oft sind Sie in Versuchung geraten, einen Vertrag im Fitnessstudio abzuschließen, weil es drei Solariensitzungen gratis dazugab? Und wie war das mit dem Neuwagen, zu dem Sie einen *kostenlosen* Flaschenöffner und eine Fuchspelzstola bekamen? Und mit dem Bankkonto, für dessen Eröffnung 20 Euro und ein Schlüsselring winken? Wissen Sie was? Nichts davon war umsonst. Es entstanden Herstellungs- oder Dienstleistungskosten. Diese Kosten trägt nicht der Verkäufer. Egal, was man Ihnen erzählt: Es zahlen immer Sie dafür.

Im Verkauf gibt es die nicht verbotene Preispolitik, auf einen künstlich aufgeblähten Preis einen Rabatt zu gewähren. Die Sache ist die, dass der Preis gar nicht *künstlich* aufgebläht wird. Es ist einfach nur der Preis. Der Preis einer Sache ist der Preis, den jemand bereit ist, dafür zu bezahlen. Wie viel würden Sie für ein von mir signiertes Blatt Papier bezahlen? Vielleicht nicht viel. Und das ist, was ich dafür nehmen würde – nicht viel. Aber wie viel würden Sie für ein Blatt Papier bezahlen, das vom Geist Elvis Presleys signiert wurde? Viel mehr. Und das wäre es dann auch wert.

Zurück zu der Bedeutung von »umsonst«. Umsonst kann sich auf das Geld, die Zeit und das Karma beziehen. Wenn Ihr Freund Ihnen einen Blumenstrauß kauft, mögen keine auf den ersten Blick erkennbaren Bedingungen daran geknüpft sein. Aber später, vielleicht erst um einige Zeit später, wird er ihn als »Schwamm-drüber«-Karte oder »Einmal Oralsex«-Karte oder »Ein Abend mit den Kumpels«-Karte ausspielen. Klar, das mag nicht seine Absicht gewesen sein, aber er stockt damit sein Konto bei der Gefälligkeitenbank auf.

Das ist das Gesetz der Gegenseitigkeit. Wenn Sie wollen, dass jemand etwas für Sie tut, müssen Sie ihm zunächst etwas geben. Wenn Sie wollen, dass er bei Ihnen ein Konto eröffnet, bieten Sie ihm einen kostenlosen Bleistiftspitzer an. Wenn Sie wollen, dass er Ihnen ein Kampfflugzeug abkauft, verlegen Sie die Verhandlung in einen Stripclub in der Karibik und sorgen dafür, dass Champagner aus Magnumflaschen ausgeschenkt wird und hübsche Prostituierte anwesend sind.

Kostenlose Beigabe in der Schachtel: ein Stück Plastikschrott, mit dem Ihr zwei Jahre altes Kind sechs Minuten lang spielt, dann beinahe daran erstickt und sich anschließend nie wieder beschäftigt. Das ist für mich nicht kostenlos, sondern erscheint mir ziemlich aufwendig.

»Kostenlos für unsere Leser« eine CD von irgendeinem Typen, der vor 15 Jahren mal berühmt war, als er einen Ohrwurm über Regenschirme schrieb: Die ist nicht kostenlos; irgendjemand hat sie bezahlt. Vielleicht haben Sie nichts dafür bezahlt, aber Sie investieren Ihre Zeit ins Hören der CD. Kostenlose Benutzung des Solariums beim Kauf eines Tagestickets für den überteuerten Pool an der Costa Del Proll bedeutet nicht kostenlos, sondern einfach nur im Preis fürs Tagesticket inbegriffen. Sie kaufen ein Lotterielos für einen Euro und gewinnen fünf Millionen? Das ist doch kostenlos, oder? Nein, ist es nicht. Der Gewinn wurde von den anderen fünf Millionen Lotterieloskäufern bezahlt. Und Sie werden wiederum Ihren Teil bezahlen, indem Sie eine Lösegeldversicherung für den Fall einer Entführung abschließen und sich Personenschützer, Finanzberater, Anwälte, Sicherheitssysteme und eine ausgewachsene Paranoia zulegen. Wenn Sie erwarten, dass Sie irgendetwas umsonst bekommen, sind Sie auf dem Holzweg.

»Aber«, sagen Sie, »ich engagiere mich gern für wohltätige Zwecke. Es gibt mir ein gutes Gefühl, wenn ich Suppe und belegte Brote an Obdachlose ausgeben kann.« Schön für Sie. Und ich nehme an, Sie haben niemandem davon erzählt? Und Sie erwarten auch nicht, dass Sie dafür in den Himmel kommen? Ich kritisiere Sie nicht dafür, dass Sie das tun – ganz im Gegenteil. Jeder, der Zeit damit verbringt, anderen Menschen zu helfen, ist ein guter Mensch. **Sie sind ein guter Mensch. Aber Sie tun nichts umsonst**; Sie haben etwas im Austausch für etwas getan.

Das tun wir alle. Es ist ein Geben und Nehmen zu gleichen Teilen, auch wenn die Währung unterschiedlich aussieht.

SO VIEL GELD BRAUCHEN SIE

Sie arbeiten für sich selbst. Sie freuen sich über jeden noch so kleinen Erfolg. Sie sind unsicher, wann Sie aufhören oder Urlaub machen müssen. Sie müssen herausfinden, wann es genug ist. Wenn Sie nicht wissen, wann es genug ist, werden Sie so lange dem Geld hinterherjagen, bis Sie nicht mehr laufen können, und auf Ihrem Sterbebett wird Ihnen klar werden, dass Sie alles, was Sie wollten, schon vor Jahren erreicht haben.

Erstellen Sie eine Liste mit dem, was Sie **wollen**, und dem, was Sie **brauchen**. Zu den Dingen, *die Sie* *brauchen*, gehören Nahrung, ein Paar Schuhe für jedes Familienmitglied, frische Unterhosen zum Wechseln und hin und wieder ein Glas Sekt zu besonderen Anlässen. Zu den Dingen, *die Sie wollen*, gehören vielleicht ein Abenteuerspielplatz für Ihre zahmen Grashüpfer, eine Sammlung aus gebatikten Bimssteinen und ein Wecker, der Sie mit einem sanften elektrischen Schock weckt. (Ich habe das bislang immer für eine ausgezeichnete Idee zur Motivation aufsässiger Teenager gehalten.) Übrigens: Falls Sie nicht für 36 Kinder und zwei geldgierige Exfrauen Unterhalt zahlen müssen, eine Flottille mit Schonern aus dem 18. Jahrhundert unterhalten oder in einem hinderlichen Maße kokainabhängig sind, brauchen Sie für beides keine Millionen.

Wenn Sie die Liste mit den Dingen, die Sie wirklich brauchen, erstellt haben, lesen Sie sie noch einmal durch. Streichen Sie alles, was nach Pferdepediküre, Autos mit italienischen Namen und Mitgliedschaft bei einer Pornowebseite klingt.

Fertig? Gut. Jetzt finden Sie heraus, wie viel all die Dinge, die auf Ihrer »Brauche-ich«-Liste stehen, kosten werden. Verdoppeln Sie diesen Betrag. Jetzt wissen Sie, wie viel Geld Sie brauchen.

Sie müssen den Betrag verdoppeln, weil Sie die

Steuern vergessen haben – und auch, dass der Boiler jeden Winter kaputtgeht, obwohl Sie ihn einmal jährlich für teures Geld warten lassen. Sie haben auch vergessen, dass Sie Geld berappen müssen, damit Ihr Bruder Frank gegen Kaution aus dem Gefängnis kommt.

Zweigen Sie 25 Prozent für langfristige Rücklagen ab und legen Sie weitere 25 Prozent für größere Zahlungen zurück, die für *wirklich* wichtige Dinge anfallen – wie Urlaub, Reparaturen am Dach, Steuern und die Lösegeldversicherung. Das ist einfach.

SO HALTEN SIE IHR GELD ZUSAMMEN

Auch in diesem Kapitel geht es ums *Wollen* und *Brauchen*. Es geht ums Erwachsenwerden und darum, sein Geld nicht für überteuerte und unnötige Dinge aus dem Fenster zu werfen.

Ich werde hier nicht den oft bemühten Rat wiederholen, dass man auf die kleinen Freuden verzichten soll. »Gehen Sie nicht mehr ins Café«, »Schmieren Sie sich zu Hause Brote für die Mittagspause«, »Nähen Sie sich Kleider aus Bananenschalen und Plastiktüten«. Solche Vorschläge kennen Sie sicher zur Genüge. Das sind keine Ratschläge, wie man Geld spart, sondern wie man dem Hungertod entkommt. Wenn Sie sich dreimal die Woche den Coffee to go für drei Euro verkneifen, weil Sie ihn sich nicht leisten können, sollten Sie noch einmal das Kapitel »So verdienen Sie Geld« lesen, damit Sie wirklich was zum Sparen übrig haben.

Der Schlüssel zur Zufriedenheit liegt zu einem Großteil in dem Wissen, wann man aufhören sollte, Geld anzusammeln, das man mit Arbeit, Schweiß oder Stress bezahlt. Genauso sollte, wer sein Geld zusammenhalten will, wissen, wann er aufhören muss, Mist zu kaufen. **Sie müssen sich selbst sagen, dass es genug ist,** aber das wird immer schwieriger, je mehr Geld Sie haben.

Das eigene Geld zusammenzuhalten geht folgendermaßen: Es gibt einen Haufen Zeug, ohne das Sie ganz ausgezeichnet leben könnten. Doch wenn Ihr soziales Umfeld sich erweitert und Personen mit Titeln vor ihrem Dreifachnamen dazukommen, werden Sie einiges tun, um mit diesen Leuten Schritt zu halten. **Sie müssen aber gar nicht Schritt halten**.

Geld auszugeben ist wirklich einfach. Wenn ich Ihnen 1000 Euro gebe und Sie dazu auffordern würde, das Geld auf den Kopf zu hauen, könnten Sie das in weniger als fünf Minuten schaffen. Würde ich Ihnen

20000 Euro geben, wäre das Ausgeben auch kein Problem; dasselbe gilt für 50000 oder 75000 Euro. Innerhalb von Tagen könnten Sie einige Millionen verjubeln. Um einen acht- oder neunstelligen Betrag für Dinge auszugeben, die man für Geld kriegen kann, würden Sie vielleicht mehrere Wochen brauchen, aber Sie würden auch das hinbekommen. Wie hoch der Betrag auch sein mag: ihn auszugeben geht schneller, als ihn zu verdienen.

Auf die Gefahr hin, mich zu wiederholen – geben Sie kein Geld für Dinge aus, die Sie nicht brauchen. Wenn Sie etwas sehen, das Ihnen gefällt, und sich fragen müssen, ob Sie sich das leisten können, können Sie es nicht. **Luxus ist nur dann Luxus, wenn Sie ihn sich leisten können.**

Wenn der nächste Winterurlaub Ihr Budget übersteigt und Sie sich dafür Geld leihen müssen, haben Sie ein Problem. Sie sind in der Versuchung, Ihrem Zwergpudel ein mit Brillanten besetztes Halsband zu kaufen? Denken Sie noch mal darüber nach. Sie wollen Mitglied in einem Privatclub werden, der nur an zwei Wochenenden im Monat geöffnet hat und wo der Champagner kübel- und die Austern eimerweise gereicht werden? Überlegen Sie sich das besser noch mal. Eine Koi-Karpfen-Sammlung? Brauchen Sie nicht. Ein weiteres Gestüt mit Araberhengsten? Ach was. Kaufen Sie sich eine Flasche Wein. So sparen Sie Geld.

KAUFEN SIE NACH PLAN

Ihre Kreditkarte ist nicht Ihre beste Freundin. Ihre Kreditkarte ist, ähnlich wie Ihre Arbeit, eine jener abwegigen Lebensnotwendigkeiten, die man heutzutage hinnehmen muss, aber man muss wegen ihr kein Feuerwerk veranstalten.

Das liegt daran, dass Sie mit ihr keine Verantwortung für sich übernehmen. Ein Kredit ist niemals umsonst. **Nichts ist umsonst** – und Ihnen ist es doch tatsächlich gelungen, Schulden in Höhe von sage und schreibe 17 000 Euro anzuhäufen, weil Sie der limettengrünen Chaiselongue, den niedlichen »Hello Kitty«-Bettüberzügen und anderem Kram einfach nicht widerstehen konnten. Bis dato konnten Sie ohne Ihre Kreditkarte nicht leben, weil Sie nicht ohne Kreditrahmen leben konnten. Aber *mit* Ihrer Kreditkarte konnten Sie auch nicht vernünftig umgehen, stimmt's? Da war niemand, der Sie an die Hand genommen hätte. Niemand, der gesagt hat: »Mann, es ist nicht nötig, dass du sechsmal in der Woche in das Restaurant an der Ecke zum Essen gehst, weil du nicht verpassen willst, wie deine Nachbarin Jennifer sich betrinkt und strippt. Das wird sie nächste Woche noch mal machen.« Da war niemand, der gesagt hat: »Meinst du, du könntest einige Monate ohne den live sendenden Unterwasser-Pokerkanal auskommen?« oder »Weißt du, ich bin nicht so sicher, ob das mit Diamanten besetzte Gebiss wirklich gut aussieht.«

Zerschneiden Sie Ihre Kreditkarte. Anschließend kaufen Sie Sachen ausschließlich nach Zahlungsplan.

»Was?«, protestieren Sie. »Sachen nach einem Zahlungsplan kaufen? Was für ein total bescheuerter Rat ist das denn?«

Der Grund ist folgender: Wenn Sie sich einen MP3-Player zulegen wollen, der 100 Euro kostet, Sie aber nur 22 Euro im Monat übrig haben, dann legen Sie diese zurück. Im Monat darauf werden Sie sich dann zwar etwas anderes wünschen, zum Beispiel einen Aufsitzrasenmäher, ein neonfarbenes Gymnastik-Outfit oder einen Besuch auf der Galopprennbahn, aber Sie werden feststellen, dass Sie dafür kein Geld haben, weil Ihre 22 Euro schon für die Anschaffung eines tragbaren Musikgeräts verplant sind. Also geben Sie für die anderen Sachen kein Geld aus. Geld auf Pump auszugeben geht ja nicht mehr, weil Ihre Kreditkarte zerschnitten im Mülleimer gelandet ist, und »Simsalabim!« schon laufen Sie nicht mehr Gefahr, eine Menge unnützen Mist anzuhäufen.

Und ja, die Zahlungsplanoption ist vielleicht manchmal etwas umständlicher, aber Sie wirkt wahre Wunder. Sie können sich viele schöne Sachen kaufen, die Sie sich eigentlich nicht leisten können, und das ohne Kredit. Einfach brillant!

ACHTUNG! ES GEHT HIER NICHT UMS GELD

Egal, was bisher gesagt wurde, hier geht es eigentlich gar *nicht ums Geld.*

Sie haben es bis hierher geschafft. Sie haben Ihre Finanzen in Ordnung gebracht. Sie vergeuden nicht einen Cent mehr für belanglosen Mist, es sei denn, Sie stehen dazu oder können ihn mit dem *Spaßfaktor* rechtfertigen. Sie arbeiten für sich selbst, damit Ihr Einkommen nicht abhängig ist von den Launen und dem Schwachsinn irgendeines ätzenden Chefs, der mit dem falschen Fuß aufgestanden ist und seinen Frust an Ihnen auslässt. Sie sparen etwas Geld an, und Sie genießen das Leben. 25 Prozent Ihres Einkommens gehen in langfristige Rücklagen, damit Sie sich im fortgeschrittenen Alter Liebesromane und Früchtebrot leisten können. Außerdem können Sie mit dem Geld Ihren Nachwuchs durch Schulzeit und Studium bringen. Die anderen 25 Prozent haben Sie für Sachen ausgegeben, die Sie am Leben und gesund halten.

Bravo. Gut gemacht. Sie haben einen weiten Weg zurückgelegt, seit Sie dieses Buch aufgeschlagen haben, und Sie stehen kurz vor Ihrer Wiedergeburt. Doch bevor Sie mit dem Umsetzen meiner Ratschläge, Verdienen und Sparen anfangen und der Superstar schlechthin sind, gibt es einen zentralen Punkt, den Sie nicht vergessen dürfen: **Hier geht es nicht ums Geld.**

Sie können mit Geld umgehen und ernten den Lohn für Ihre Umsicht. *Jawohl, super.* Ihr Rolls-Royce ist eine Spezialanfertigung, Ihre Rolex trägt eine Gravur, und Sie nennen ein umzäuntes Grundstück Ihr eigen, um dessen Garten sich das Personal kümmert. Ihre Geschäftspartnerschaft läuft gut. Sie sind bei Ihren 65 Mitarbeitern beliebt genug, dass diese jeden Tag zur Arbeit erscheinen; über Ihre fünf Kinder und deren Einstellung zur Schule können Sie das allerdings nicht immer sagen. Zumindest nicht über die fünf Kinder, von deren Existenz Sie wissen. Für die meisten Ihrer jammernden Vertriebsleute haben Sie keinerlei Verständnis. Schließlich könnten Sie sechsmal mehr Profit machen als sie und das, obwohl Sie dreimal so viel um die Ohren haben. Als logische Konsequenz erwarten Sie in diesem Jahr einen *sehr* hohen sechsstelligen Bonus. Und das erklärt auch Ihre vielen Arbeitsstunden.

Aber wen kümmern schon die vielen Arbeitsstunden? Der Arzt hat gesagt, dass sich die ständigen Schmerzen in Ihrer linken Schulter mit Kortisonspritzen behandeln lassen, sobald Sie Zeit haben. Irgendwann werden Sie sich Zeit dafür nehmen. In der Zwischenzeit dämpfen Sie den Schmerz mit Tabletten. Wenn Sie Ihren Bauch ansehen, kommt es Ihnen so vor, als hätten Sie zu viel gesessen. Zu viel gesessen? Auf jeden Fall sind Ihre Beschwerden nur ein kleiner Preis für Ihren *dicken* Gehaltsscheck.

Doch Geld allein um des Geldes willen ist nicht gut, oder? Es kommt darauf an, was man damit macht. Und Pläne dafür haben Sie mehr als genug. Sobald Sie Zeit haben, werden Sie einige wirklich coole Sachen angehen. Sie werden den Pilotenschein machen und ein U-Boot chartern. Wäre das nicht was? Und die Besteigung des Annapurna steht ebenfalls noch auf der Liste jener Dinge, die Sie einmal tun möchten. Sie rechnen damit, dass neun Monate Training nötig sein werden, bevor Sie die Besteigung bewältigen – Sie sind nicht gerade in bester körperlicher Verfassung –, aber Sie haben ja noch reichlich Zeit, um das Unternehmen in Angriff zu nehmen. Sie brauchen nur noch ein paar mehr von den fetten Bonuszahlungen. Zwei Jahre, vielleicht drei. Fünf Jahre, wenn es hochkommt, dann können Sie anfangen, die Dinge locker anzugehen. Falls Sie die Gelegenheit bekommen, die Firma an die Börse zu bringen, könnte es natürlich sein, dass fünf Jahre etwas knapp kalkuliert sind. Also eher acht Jahre. In der Zwischenzeit lassen Sie sich die Schulter behandeln und besuchen Ihren Sohn in der Jugendstrafanstalt – nichts ist schließlich wichtiger als Ihre Gesundheit und Ihre Familie. Also werden Sie in zehn Jahren oder wenn Sie 15 Millionen auf dem Konto haben, je nachdem was früher eintritt, die Firma verkaufen und sich Richtung Karibik aufmachen, wo Sie sich um elf Uhr morgens den ersten Gin Tonic genehmigen.

Die gültige und unbestreitbare Wahrheit über Geld: Es ist alles ein Spiel. Nehmen Sie es nicht *zu* ernst. Wenn alles andere scheitert, rufen Sie sich den Satz »[immaterielles Gut hier einsetzen] ist für kein Geld der Welt zu haben« ins Gedächtnis, mit dem sich arme Leute schon seit Jahren trösten.

Sie können viele Dinge bekommen, wenn Sie mit Geldscheinen herumwedeln. Aber Größe, Intelligenz und gute Manieren lassen sich damit nicht erkaufen.

Denken Sie darüber nach.

EINIGE SCHNELLE ERFOLGE FÜR EIN GUTES GEFÜHL

Sie haben es bis hierhin geschafft, und jetzt sind Sie bereit, Ihr neues Leben mit fröhlicher Unbekümmertheit umzusetzen.

Ihr Fundament ist stabil. Mit einigen *großen* Dingen sind Sie schon fertig geworden. Mit ein paar Jedi-Tricks haben Sie sich selbst überlistet. Was zuvor schwer war, ist nun einfach. Früher waren Sie schüchtern, jetzt besitzen Sie einen geradezu übermenschlichen Glauben an sich selbst. Wo Sie sich früher Sorgen gemacht haben, sagen Sie heute: »Egal, gehen wir ein Bier trinken.« Und Sie betreiben effektives Outsourcing. Sie haben Beziehungen und Geld, Ihre Kommunikation läuft perfekt, und Sie nehmen sich selbst nicht mehr so ernst. Ihre letzte Aufgabe besteht nun darin, noch ein paar schnelle Erfolge für sich zu verbuchen. Einige haben Sie schon erzielt: Sie haben Ihren Fernseher rausgeworfen, Sie gehen früher ins Bett, Sie trinken mehr Wasser.

Im Folgenden finden Sie weitere praktische Maßnahmen, mit denen Sie näher ans Hui gelangen und sich noch weiter vom Pfui entfernen. Diese schnell zu erzielenden Erfolge werden dafür sorgen, dass Sie sich am Ende eines Arbeitstages mit einem selbstzufriedenen Grinsen zurücklehnen, weil Sie Sachen *in Angriff nehmen* – und weil das so ist, fühlen Sie sich wie ein Champion.

Schnell zu erzielende Erfolge sind deshalb so schön, weil Sie dabei Fortschritte machen! Fortschritt ist *gut*. Wer keine Fortschritte macht, lernt nicht und entwickelt sich nicht – das ist *schlecht*. Hier kommen also einige kleine, aber dennoch immens wichtige Schritte, die Sie unternehmen können, um die Welt zu Ihrem Spielplatz zu machen. Wenn Sie sich nicht verändern, werden Sie immer die gleiche Person bleiben. **Sich gleich zu bleiben ist kein Wert an sich**.

Setzen Sie die folgenden Schritte um, und schreiben Sie mir dann einen Brief, in dem Sie mir berichten, wie sehr Sie meinen unbezahlbaren Rat zu schätzen wissen.

STREICHEN SIE DIESE WÖRTER AUS IHREM VOKABULAR

Erinnern Sie sich noch, dass Sie *sich selbst die Erlaubnis geben* müssen, Dinge zu tun? Darum geht es in diesem Kapitel. Sie sind in Ihrer Vorstellung, was richtig und was falsch ist, dermaßen festgefahren und haben so große Angst davor, wie die Gesellschaft über Sie urteilt, wenn Sie sich nicht an die Spielregeln halten, dass Sie sich zum Gefangenen der Vorstellungen anderer Menschen machen.

Wenn Sie auf Ihrer endlosen Reise durch das Land der Selbsthilfebücher jemals von NLP gehört haben, verstehen Sie bestimmt, warum *Wörter so wichtig sind.* (NLP steht für »Neurolinguistische Programmierung«, ein pseudowissenschaftlicher Begriff, der umschreibt, dass »die Wörter, die wir verwenden und hören, unser Denken und Handeln beeinflussen«. Wenn Sie mehr darüber erfahren möchten, so bin ich sicher, dass es da draußen jemanden gibt, der Ihnen helfen kann.)

Wenn Sie nicht verstehen, warum Wörter wichtig sind, dann glauben Sie es mir einfach: **Wörter sind sehr wichtig.** Das wissen Werbetexter, Marketingleiter und Handelsvertreter auf der ganzen Welt. Die Wörter, die Sie hören, bewirken, dass Sie entweder aktiv werden oder aber untätig bleiben. Die Wörter, die Sie selbst täglich *verwenden*, haben den gleichen Effekt. Hier kommt eine Handvoll Wörter, die Sie aus Ihrem Vokabular streichen sollten. Die Gründe, warum Sie diese Wörter aufgeben müssen, werden gleich mitgeliefert.

1. Sollte

Wenn Sie »Ich sollte« sagen, meinen Sie vermutlich »Ich werde wahrscheinlich nicht«.

- »Ich sollte ins Fitnessstudio gehen.«
- »Ich sollte mit dem Rauchen aufhören.«
- »Ich sollte aufhören, im Büro im Internet zu surfen, und mich lieber um meine Arbeit kümmern.«

Versuchen Sie Folgendes:

Ersetzen Sie eine Woche lang »Ich sollte« mit »Ich werde«. Und zack! Sie werden sehen, wie sich das im Ergebnis auswirkt.

»Sollte« = schwach. »Werde« = stark.

Die Ausnahmen von der Regel:

Sie *sollten* in Situationen, die es erfordern, im Zweifelsfall immer einen Sicherheitsgurt, einen Sonnenschutz, ein Kondom oder einen Sturzhelm tragen.

2. Sollte nicht

»Sollte nicht« sind zwei fiese kleine Wörter, mit denen sich Stagnation breitmacht und die den Status quo untermauern. Manchmal sind sie angemessen (Sie *sollten nicht* töten, Sie sollten das Geld nicht stehlen, Sie sollten Ihren Kindern kein Hundefutter zu essen geben). Meistens lassen sie jedoch die konservative Neigung zur Konformität wieder aufleben: »Das tut man einfach nicht! (Ich bin entsetzt!)«

Hier ein paar Beispiele:

- Man sollte nicht Streifen mit Karos kombinieren.
- Man sollte nicht ohne Geschenk auf einer Party erscheinen.
- Man sollte nicht den Rasen betreten.
- Man sollte nicht Soße ohne Sauciere servieren.
- Man sollte nicht reden, wenn man nicht gefragt wird.
- Man sollte nicht die Obrigkeit infrage stellen.

Das ist totaler Blödsinn!

Wenn Sie das nächste Mal mit einem »Sollte nicht« konfrontiert werden, stellen Sie sich folgende Fragen: **Warum sollte ich nicht?** Was passiert im schlimmsten Fall, wenn ich es trotzdem tue?

Kann ja sein, dass der schlimmste Fall immer noch besser ist als der Ist-Zustand. Sie werden feststellen, dass Ihr Leben einfacher wird, wenn Sie anfangen, sich über gesellschaftliche Konventionen hinwegzusetzen.

Befreien Sie sich von diesen Ketten!

...und denken Sie daran: Wenn Sie tun, was Sie schon immer getan haben, werden Sie bekommen, was Sie schon immer bekommen haben.

Ausnahmen von der Regel:

- Männer sollten keine Perücken tragen.
- Sie sollten keinen Sex mit Blutsverwandten haben, es sei denn, Sie wünschen sich hässliche Kinder und/oder möchten die nächsten zehn Jahre im Gefängnis verbringen.
- Frauen sollten in der Öffentlichkeit keine Trainingsanzüge tragen – es sei denn, sie joggen.

3. Was, wenn

»Was, wenn« kann bei umsichtiger Anwendung eine sehr nützliche Formulierung sein. »Was, wenn« kann der Anfang von Abenteuer, Entdeckung und wissenschaftlichen Erfindungen sein.

- »Was, wenn sich das Atom spalten lässt?«
- »Was, wenn wir auf der Bühne einige Stangen aufstellen und abwarten, was passiert?«
- »Was, wenn wir einen Brunnen ausheben würden?«

Doch meistens leitet »was, wenn« einen vorgeschobenen Grund ein, aus dem heraus man etwas nicht tun kann.

- »Was, wenn wir erwischt werden?«
- »Was, wenn uns die Nachbarn böse Blicke zuwerfen?«
- »Was, wenn es den Leuten nicht gefällt?«
- »Was, wenn es nicht funktioniert?«

»Was, wenn« ist eine einzige große *Ausrede*. Hören Sie auf, es zu sagen. Es ist viel leichter, sich zu entschuldigen, als um Erlaubnis zu fragen, also gewöhnen Sie sich »was, wenn« ab. Und wenn Sie schon mal dabei sind …

4. Tut mir leid

Hören Sie auf, »tut mir leid« zu sagen! Die meisten Entschuldigungen sind unnötig! Wenn Sie zu den Leuten gehören, die jedes Gespräch, Telefonat oder jeden Einwurf mit einer Entschuldigung beginnen – **hören Sie sofort damit auf**. Es gibt keinen Anlass dafür, sich ständig zu entschuldigen, es sei denn, Sie haben einen Raubüberfall begangen oder Weißes zusammen mit der Buntwäsche gewaschen.

- »Tut mir leid, dass ich Sie stören muss, aber haben Sie …?«
- »Tut mir leid, wenn ich gerade ungelegen komme, aber ich bräuchte …?«
- »Ich hoffe, es stört Sie nicht, wenn ich Sie das frage, aber ich …«

Sie brauchen sich nicht zu entschuldigen. Damit sagen Sie nur aus: *»Ich habe überhaupt kein Selbstvertrauen.«*

Tun Sie so als ob. Lesen Sie das Kapitel über Selbstvertrauen noch einmal durch. Vielleicht haben Sie wirklich Angst davor, anderen Menschen auf die Nerven zu gehen. Versuchen Sie es mit Konfrontationstherapie. Fragen Sie sich: »Was ist das Schlimmste, das passieren kann, wenn ich mich nicht dafür entschuldige, dass ich meinen Mund aufgemacht habe?« Ich garantiere Ihnen, dass Sie mit den Folgen leben können. Entschuldigen Sie sich nur dann, wenn Sie Mist gebaut haben. In diesem Fall geben Sie eine ernst gemeinte Entschuldigung ab und lassen die Sache dann auf sich beruhen.

5. Nur

»Nur« ist eine andere Form der Entschuldigung. Es nimmt dem, was Sie tun, die Aussagekraft. Kein Mensch sagt: »Ich speise nur die Hungrigen«, es sei denn, es ist sarkastisch gemeint. Wenn Sie »Ich lese nur ein Buch« sagen, ist das entweder als Entschuldigung gemeint oder eine umständliche Art zu sagen: »Es ist nicht wichtig, und ich bin bald fertig. Klar, komm gerne mit deinen Urlaubsfotos vorbei und vermiese mir den Tag.«

Wenn Sie das nächste Mal gefragt werden, was Sie gerade tun und Sie in der Versuchung sind zu antworten: »Ich nehme nur ein Bad. Ich bin in fünf Minuten bei dir«, sagen Sie stattdessen: »Ich gönne mir ein ausgiebiges Bad mit Mandelöl. Wir sehen uns dann in einigen Stunden.«

ES IST EGAL, WIE SIE SICH KLEIDEN

Es spielt keine Rolle, was Sie anziehen. Es ist einzig und allein Ihre Entscheidung, ob Sie im Lendenschurz oder Ballettröckchen herumlaufen. Wenn das Ihre Art ist, bitte.

Lassen Sie sich von niemandem vorschreiben, was Sie anziehen sollen. Nicht von Ihrer Frau, nicht von Ihrem Mann und von Ihren Freunden schon gleich gar nicht. (Wenn Sie aber auf ein Leben in Frieden und regelmäßige Gehaltszahlungen hoffen, sollten Sie darauf hören, wenn Ihr Chef Ihnen vorschreibt, wie Sie herumzulaufen haben.) Wie Sie sich anziehen, ist unwichtig, außer für Sie selbst. Wenn Sie auf einen Ball eingeladen sind, auf dem Sie mit schwarzer Fliege und im Smoking erscheinen sollen, Sie so etwas aber nicht anziehen wollen, haben Sie immer noch die Option, die Einladung abzulehnen.

Das äußere Erscheinungsbild ist wichtig – aber nur bis zu einem gewissen Grad. Es ist wichtig, dass Ihre Kleidung sauber ist. Es ist wichtig, dass Ihre Kleidung angemessen ist. Aber jetzt kommt 's: Als angemessen gilt heute mehr oder weniger das, was der Zeitgeist im Sinne von Konvention, Tradition und Etikette (pfui!)

definiert. Und schon tauchen *sollte* und *sollte nicht* wieder auf. Sie entscheiden, ob das, was Sie tragen, angemessen ist, und stehen dann auch zu Ihrer Entscheidung.

Natürlich gibt es Grenzen. Ihr Chef und die Personalabteilung haben sicher eine glasklare Vorstellung, was sie als angemessen betrachten und was nicht, und solange Sie Ihre Zeit gegen deren Geld eintauschen, sind Sie verpflichtet, ihr Spiel zu spielen. Es wird Ihr Leben nicht gerade vereinfachen, wenn Sie zur Präsentation vor einem wichtigen Kunden in Bermudashorts und einem T-Shirt mit dem Konterfei eines kiffenden Priesters aufkreuzen. Genauso wären Sie als Bestattungsunternehmer schlecht beraten, im weißen Smoking Särge ins Krematorium zu überführen. Nicht dass ein weißer Smoking an sich etwas *Falsches* wäre, aber es gibt passendere Gelegenheiten, um seine private Klamottenfehde zu führen, und manche Menschen sind bessere Gegner als andere. Türsteher und trauernde Verwandte eignen sich nie gut, denn sie neigen dazu, erbittert für ihre Sache einzustehen.

Doch in allen anderen Fällen und zurückkehrend zu der Annahme, dass Sie sich in einer Umgebung befinden, in der Sie frei sind, mehr oder minder alles anzuziehen, was Sie wollen, können Sie das gern tun.

Wenn Sie ein Smaragddiadem und einen mit Strasssteinen besetzten Patronengürtel tragen möchten, tun Sie das. Und wenn Ihr Freund zu derselben Veranstaltung in T-Shirt und Jeans erscheinen möchte, bitte schön. Es spielt keine Rolle. Sehen Sie sich die Strippenzieher der Weltwirtschaft an. Sehen Sie sich Ihre Helden, Ihre Gurus an. Schreibt denen jemand vor, was Sie anziehen sollen? Nein. Tragen Sie doch, was Sie wollen, und zelebrieren Sie das ruhig. (Davon ausgenommen sind Trainingsanzüge. Die lassen Sie bitte im Schrank, außer wenn Sie Sport machen oder zu Hause herumgammeln.)

DER »DU KANNST ALLES ERREICHEN«-MYTHOS

Hey, lassen Sie sich bloß nicht unterkriegen! Sie haben Angst, dass Sie das, was Sie sich vorgenommen haben, nicht schaffen? Das brauchen Sie nicht! Sie können alles erreichen, was Sie sich in den Kopf gesetzt haben!

Bergsteigen? Kein Problem! Innerhalb kürzester Zeit werden Sie die erste Frau über siebzig sein, die jemals ohne Sauerstoff und ohne Nahrung rückwärts den Mount Everest bestiegen hat. Leichtathletik? Klar doch! Hauen Sie rein! Binnen sechs Monaten werden Sie einen Marathon laufen und ganz vorne mit dabei sein. Sie schaffen es sogar mit verbundenen Augen, den Zauberwürfel in weniger als 21 Zügen zu lösen! Sie können ein Wunderkind zur Welt bringen, das mit drei Monaten läuft, mit sechs Monaten spricht und mit einem Jahr Klavier spielt. Sie müssen sein aufkeimendes Genie lediglich fördern und eine Schar von Nachhilfelehrern engagieren. Wenn Sie nur fleißig studieren und genug positive mentale Energie einbringen, werden Sie ein Allheilmittel gegen Krebs finden. Sie werden Kriege beenden und allen Menschen Liebe und Güte bringen! Sie wollen 130 Jahre alt werden? Warum nicht 150? Sie können alles erreichen!

Sie müssen es sich nur vornehmen.

Beginnen Sie den Tag mit positiven Beschwörungsformeln, und Sie werden sehen, wie Ihr Übergewicht dahinschmilzt, Ihr Reichtum sich jenseits Ihrer kühnsten Träume vermehrt und Ihr Fruchtbarkeitsproblem sich in Luft auflöst. Bitten Sie das Universum um das, was Sie brauchen, und das Universum wird es Ihnen geben! Wiederholen Sie jeden Morgen gleich nach dem Aufwachen folgende Mantras: Ich bin schlank und schön und reich und fruchtbar und intelligent. Ich denke, also bin ich Einstein! Meine Oberweite muss, muss, muss sich vergrößern …

… und anderen Blödsinn. Oder Sie kommen auf den Boden der Tatsachen zurück. Selbst jetzt, da Sie sich dem Ende dieses Buchs nähern, können Sie nicht *alles* erreichen – und es hat auch gar keinen Sinn, das zu versuchen.

Sie schaffen jetzt wahrscheinlich etwas mehr als vor dem Lesen dieses Buchs. Das kommt daher, dass Sie an Ihrer Bereitschaft gearbeitet haben, Sachen wirklich *anzugehen*, anstatt tagsüber stundenlang fernzusehen und Schokolade und fettige Wurst in sich reinzustopfen.

Doch die Vorstellung, dass Sie *alles* erreichen können, ist ein Trugschluss. Sie können nicht alles erreichen. Das geht schon damit los, dass es Dinge gibt, die Rechtsstaatlichkeit und Regularien verbieten. (Viele in diese Kategorie fallende Dinge werden ohne ersichtlichen Grund verboten. Und viele Regeln sind dafür gedacht, den Status quo aufrechtzuerhalten und die Mächtigen an der Macht zu halten. Über solche Regeln oder Gesetze spreche ich nicht. Ich spreche über die anderen.) Der Spruch »Regeln sind da, um gebrochen zu werden« hat eine gewisse, aber keine generelle

Gültigkeit. Zum Beispiel scheinen in städtischen Parks aufgestellte Schilder mit der Aufschrift »Rasen betreten verboten« für alle intelligenten Menschen eine Einladung zu sein, genau das Gegenteil zu tun. Wenn ich ein entsprechendes Schild sehe, muss ich mich zusammenreißen, nicht wie Rumpelstilzchen auf dem Rasen herumzutrampeln und dazu zu singen: »Ha, ha, seht mich an, ich bin auf dem Rasen, und was werdet ihr dagegen tun?« Und natürlich *können* Sie auf dem Rasen herumlaufen, wenn Sie Lust dazu haben. Aber wenn Sie in einer Stadt wohnen wollen, in der Grasflächen grün und kein brauner Matsch sind, überlegen Sie noch mal, ob es sinnvoll ist, Ihrem Drang, auf dem Rasen herumzutrampeln, nachzugeben. Sie können Steuern hinterziehen, doch oft ist ein Kompromiss im Umgang mit der Steuerbehörde die vernünftigste Vorgehensweise, wenn Sie nicht am Ende viel drastischer zur Kasse gebeten werden wollen.

Andere Regeln sind weitaus sinnvoller. Zum Beispiel dienen Regeln, die besagen, dass man Rücksicht auf seine Nachbarn nehmen soll, oder Regeln, die die öffentliche Ordnung regulieren, dem Allgemeinwohl. Sie dürfen sich so viel Freiheit nehmen, wie mit der Freiheit Ihrer Nachbarn vereinbar ist. Sie haben das Recht auf Ruhe und Frieden, und Ihr Nachbar genauso. Wenn Sie an einem Sonntagabend in einer ohrenbetäubenden Lautstärke Death Metal oder irgendein übles Gestampfe hören, »üben Sie nicht Ihr Recht auf Freiheit« aus, sondern verhalten sich wie ein Arschloch. Und es gibt Regeln, denen man aus moralischen, ethischen oder pragmatischen Gründen schwerlich widersprechen kann. So können Sie, um ein Beispiel zu nennen, nicht mit jedem Sex haben, mit dem Sie gern Sex hätten. Sie können Sex mit jedem haben, der mit Ihnen Sex haben möchte – zumindest in den Ländern, in denen ich aufgewachsen bin –, vorausgesetzt, die Person hat das entsprechende gesetzliche Mindestalter erreicht und ist in der Lage, die Entscheidung dazu zu treffen, da sie weder geistig behindert ist noch unter Alkohol- oder Drogeneinfluss steht. Für die Folgen tragen dann die zwei (oder mehr) Personen die Verantwortung, die daran beteiligt waren.

Doch selbst wenn man alle Regeln über Bord wirft, ist die Vorstellung, dass man alles tun kann, dennoch in sich falsch. Es gibt Dinge, die Sie *niemals* werden tun können. Sie wissen doch schon, dass Sie keinen Marathon *gewinnen* können. Die Chance dazu haben Sie verpasst. Sie können vermutlich an einem Marathon teilnehmen, aber wenn Sie Ihr gesamtes Bares darauf verwetten würden, dass Sie ihn gewinnen, wäre das Geldverschwendung. Es ist unwahrscheinlich, dass man Sie als Botschafter der Menschheit auf den Mond schickt. Mal ehrlich, es ist auch unwahrscheinlich, dass Sie jemals in den Weltraum *reisen* werden. Statistisch gesehen werden Sie auch keinen Weltbestseller schreiben und nicht im Lotto gewinnen.

Und von den Regeln sowie den physischen und statistischen Einschränkungen einmal abgesehen, **gibt es eine Unmenge von Dingen, die zu tun Ihnen einfach nicht bestimmt ist.**

Aber *nur Sie* können wissen, ob Sie etwas tun, was Ihnen *bestimmt* ist. Das ist nicht immer klar ersichtlich. Machen Sie es sich zur Angewohnheit, sich bei jedem Umstand zu fragen, ob Ihre derzeitige Vorgehensweise den Aufwand lohnt. Bauen Sie mit abgeschnittenen Fußnägeln und Alleskleber das Schloss von Versailles nach? Schön für Sie. Sie allein können entscheiden, ob das zum gegebenen Zeitpunkt für Sie das Richtige ist. Es könnte aus den verschiedensten Gründen das Richtige für Sie sein. (In erster Linie Selbstzufriedenheit, nehme ich an.) Für die meisten anderen Menschen wäre es aber nicht das Richtige; und obwohl es sehr wohl sein *kann*, dass diese Leute dazu in der Lage sind und über eine ausreichend große

Fußnagelsammlung verfügen, um den Bau realisieren zu können, werden sie wahrscheinlich sagen: »Jawohl, könnte ich, ist aber nichts für mich.«

Genauso könnten Sie den Entschluss fassen, dass die Dekodierung der atomaren Struktur der Gedanken etwas ist, was Sie von Ihrer Qualifikation her tun könnten, wenn man bedenkt, dass Sie Ihr Leben der molekularen Philosophie gewidmet haben. Sie sind in der Lage, es zu tun, und Sie entscheiden, dass es sich für Sie lohnt. Ich hingegen und alle anderen werden beschließen, dass wir diese Art von Ergebnis in den wenigen uns verbleibenden Jahren noch *nicht* mal annähernd erreichen können und es eine komplette Zeitverschwendung wäre, dies auch nur zu versuchen.

Sie können nicht alles erreichen, was Sie sich vorgenommen haben. Aber Sie können eine Menge Dinge tun.

Anstatt sich auf das zu konzentrieren, was Sie erreicht haben, konzentrieren Sie sich auf das, was Sie erlebt haben. Es geht im Leben nicht darum, wie weit Sie geschwommen sind oder wie viele Ihrer Kommilitonen Sie nach 18 Bier und einer entsprechenden Wette in einen Mini Cooper quetschen konnten. Es geht im Leben nicht darum, wie schnell Sie mit dem Einrad von München nach Sylt geradelt sind.

Es geht im Leben um die Tatsache, dass Sie überhaupt geschwommen sind, dass Sie und Ihre Freunde versucht haben, sich im betrunkenen Zustand mit viel zu vielen Personen in ein kleines Auto zu quetschen, und darum, dass Sie tatsächlich gelernt haben, wie man Einrad fährt.

Sie können nicht alles erreichen, was Sie sich vorgenommen haben. Aber Sie können viel Spaß dabei haben, es zu versuchen.

LESEN SIE EIN BUCH

Als Sie jünger waren, hatten Sie keine Angst davor, ums Leben zu kommen. Damals sprangen Sie an Stellen, die Sie nicht kannten, nachts nackt ins Wasser. Sie hatten mit fremden Menschen ungeschützten Sex. Sie tranken mit Begeisterung Alkohol, scherten sich dabei nicht um die öffentliche Meinung, und der sich anschließende Kater hielt damals auch nicht drei Tage lang an.

Das lag daran, dass Sie unerfahren waren und kein ausgeprägtes Verantwortungsbewusstsein, dafür aber ein unbändiges Verlangen nach Vergnügen besaßen. Doch es gab noch etwas anderes, etwas viel Wichtigeres als die fehlende Angst davor, wie ein Idiot zu wirken oder sich ins Koma zu saufen, um damit zu prahlen. Als Sie jünger waren, hatten Sie eine blühendere Fantasie, festere Überzeugungen und illusorischere Ideale. Heute trauern Sie darüber, dass Sie den Idealismus der Jugend verloren haben.

Erinnern Sie sich noch, mit welchem Zorn Sie an Demos teilgenommen haben, Transparente schwingend und Parolen skandierend? Erinnern Sie sich noch, mit welcher Vehemenz Sie die Rechte der afrikanischen Frauen verteidigt haben? Erinnern Sie sich noch, wie es war, als Sie nicht nach Konflikten gesucht haben, weil die Konflikte von selbst zu Ihnen kamen und Sie zu ihnen nicht Nein sagen konnten?

Der Grund, warum Sie damals solche Gefühle hatten, ist folgender: **Sie haben früher mehr gelesen.** Sie fanden mehr Zeit, um Ihre kleinen grauen Zellen anzustrengen. Das neuronale Netzwerk, das Ihr Gehirn über Impulse am Arbeiten hält, bekam mehrmals pro Woche ein umfassendes Training. Sie konnten sich einen ganzen Nachmittag lang in ein Buch vertiefen. Sie lasen mit solcher Begeisterung, dass Sie um drei Uhr morgens noch wach waren und sich mit jeder neuen Seite sagten: »Nur noch ein Kapitel«, bis es sieben Uhr war und Sie aufstehen und zur Schule mussten.

Heute sind Sie älter, schlaffer und haben weniger Zeit zum Lesen.

»Um Himmels willen, ich habe andere Prioritäten. Ein Buch lesen? Im Urlaub vielleicht.«

»Ich muss die Kinder von der Schule abholen, ich muss die Präsentation fertigstellen, und die Wäsche wäscht sich auch nicht von allein.«

Es scheint so, als wären viele Dinge inzwischen wichtiger als die Zeit, die Sie für sich haben. Dafür müssen Sie büßen. Sie haben keine so blühende Fantasie mehr, Ihre Überzeugungen sind Ihnen weniger wichtig und mit der Rückzahlung der ersten Rate für den Hauskauf haben Sie all Ihre Ideale über Bord geworfen. **Wenn Sie aber wieder mehr lesen, können Sie dazu beitragen, diese Mängel zu beheben.**

Hier kommt eine konkrete Empfehlung, wie aus Ihnen durch vermehrtes Lesen ein entspannterer, informierterer, intelligenterer und kreativerer Mensch wird:

1. Lesen Sie in kleineren Einheiten. Nehmen Sie ein dünnes Buch zur Hand und lesen Sie 20 Seiten. Tun Sie nichts anderes. Gehen Sie nicht ans Telefon und erledigen Sie nicht den Abwasch. Setzen Sie sich hin, allein. Das kann im Bus, auf der Toilette oder in Ihrem Arbeitszimmer sein.

2. Setzen Sie sich kein Zeitlimit. Wenn Sie die 20 Seiten gelesen und keine Lust mehr haben, hören Sie auf. Wenn Sie weiterlesen möchten, tun Sie das. 30 Seiten sind gut, 40 Seiten sind noch besser.
3. Wiederholen Sie das täglich, eine Woche lang. Wenn das Buch Ihnen zusagt und Sie mehr als 20 Seiten pro Sitzung gelesen haben, sind Sie vielleicht schon durch.

Zack! Gut gemacht. Und jetzt lesen Sie den Rest *dieses* Buchs.

TRENNEN SIE SICH VON EIN PAAR DINGEN

Sie besitzen zu viel Zeug. Das wird Ihnen jetzt klar, weil Sie wissen, was wichtig ist, und weil Sie wissen, dass es reicht und dass Sie zu viel haben. Jetzt müssen Sie Folgendes tun:

1. Besorgen Sie sich einen großen Abfallsack.
2. Öffnen Sie Ihren Kleiderschrank. Suchen Sie ein Kleidungsstück heraus, das Sie seit einem Jahr nicht mehr getragen haben. Legen Sie es in den Sack.
3. Gehen Sie in die Küche. Suchen Sie sich irgend-

etwas aus – einen Apfelausstecher, einen Entsafter, einen Ihrer sechs Korkenzieher, einen Teller, der einen Sprung hat, eine Teekanne, eine Backform. Wenn ein Gegenstand darunter ist, den Sie seit einem Jahr nicht mehr benutzt haben, legen Sie ihn in den Sack. Nur einen einzigen Gegenstand.

4. Das Gleiche machen Sie mit Ihren Schuhen.
5. Das Gleiche machen Sie mit Ihren Büchern, nur wählen Sie dieses Mal ein Buch aus, von dem Sie wissen, dass Sie es auf keinen Fall lesen werden oder dass Sie es gelesen haben und es Schrott war. (Das Buch, das Sie gerade lesen, ist von dieser Übung natürlich ausgenommen.)
6. Wählen Sie noch einen weiteren Gegenstand aus: Sehen Sie unter der Treppe oder im Putzschrank nach. Haben Sie eine »Rumpelkammer«? Dann sehen Sie dort nach.
7. Jetzt haben Sie fünf Gegenstände in Ihrem Sack. Eine Ansammlung von Dingen, die Sie nicht brauchen und die Platz wegnehmen. Staubsammler.
8. Jetzt wiederholen Sie die Schritte 2 bis 6 und dann schaffen Sie den Sack aus dem Haus. Machen Sie damit, was Sie wollen – laden Sie ihn bei einem Freund ab, werfen Sie ihn auf den Müll oder geben Sie ihn bei der Wohlfahrt ab. Lassen Sie ihn

aber *nicht* im Auto, um sich »später darum zu kümmern«. **Schaffen Sie sich den Sack vom Hals.**

Zack! Jetzt gehören Ihnen weniger Dinge. Sie gewinnen wieder die Oberhand über Ihren Besitz. Sie haben es voll drauf.

NEHMEN SIE DEN BUS

Haben Sie die Nase voll von Ihren Kollegen? Finden Sie, dass Ihre Freunde *lästig und kleinlich* sind? Haben Sie die *Nase voll* vom sich ewig gleich drehenden Karussell des Lebens? Ja?

Dann nehmen Sie den Bus!

Wenn Sie, anstatt in Ihr Auto zu steigen, mit öffentlichen Verkehrsmitteln fahren, werden Sie:

- neue Menschen kennenlernen!
- Ihr Immunsystem stärken!
- Ihren Energielevel steigern!
- mehr Dinge sehen!
- neue Dinge lernen!

Sieht Ihr Tag folgendermaßen aus? Schlecht geschlafen – geduscht, um sich den seelischen Ballast aus dem Hirn zu waschen – schmuseweiches Morgenradio im Auto – knurriger Chef – verhasste Kollegen – Mittagessen aus der Tüte – die Nachmittagsstunden ziehen sich wie Kaugummi – langsame, einsame Autofahrt nach Hause – Abendessen vor der Glotze – wiederholt bis in alle Ewigkeit … Ja?

Dann tun Sie etwas dagegen!

Ab morgen lassen Sie das Auto stehen und fahren mit öffentlichen Verkehrsmitteln. Egal ob Bus, Straßenbahn, Zug oder U-Bahn, die Regeln sind die gleichen, und Sie begeben sich in eine Schar von Menschen, die genauso sind wie Sie! So können Sie:

- mehr lesen!
- gefahrlos SMS an Ihre Liebsten senden!
- die Augen zumachen!
- ein Feierabendbier mit Kollegen trinken, ohne Angst um Ihren Führerschein haben zu müssen!

Nehmen Sie den Bus – und Sie werden länger leben!

SORGEN SIE IN IHREM ZUHAUSE FÜR ORDNUNG

Bei Ihnen zu Hause sieht es furchtbar aus. Aber wen schert das? Sie haben es schließlich voll drauf. Außerdem sind Sie sowieso nie zu Hause. Sie sind ja damit beschäftigt, die Karriereleiter zu erklimmen, gehen mit Ihrem Chef ein Bier trinken und schmieren ihm Honig ums Maul. Wen kümmert es da, dass Sie die kaputten Glühbirnen nicht auswechseln? Und wenn Sie in Ihrem Garten die Kettensäge anschmeißen, rückt der Gedanke an saubere Bettwäsche ebenfalls in den Hintergrund. In Ihrem Wohnzimmer steht eine kunstvolle Installation aus leeren Flaschen und Pizzakartons, da, wo früher ein Teppich war, ist ein dicker Brandfleck, und in Ihrem Badezimmer blüht der Schimmel an der Wand. *Igitt.* Offen gesagt, mein Lieber, ist Ihre Wohnung ein Dreckloch.

Sie sagen: »Ich bin einfach nicht gut in solchen Dingen, und ich weiß nicht, wo ich anfangen soll. Es ist mir einfach nicht wichtig.«

Ich sage: **Wenn Sie jemals jemanden ins Bett kriegen wollen, ist eine saubere Wohnung wichtig.**

Also, liebe Singles, hier ein paar Ratschläge, wie Sie

Ihre Wohnung wieder auf Vordermann bringen. Wenn es Ihnen gelingt, die Acht-Minuten-Regel anzuwenden, schaffen Sie die Voraussetzung für ein vorzeigbares Domizil:

- Sammeln Sie Ihre Socken ein.
- Nasse Handtücher gehören nicht auf den Fußboden.
- Leere Behältnisse haben nichts im Kühlschrank zu suchen.
- Verdorbene Lebensmittel haben auch nichts im Kühlschrank zu suchen.
- Defekte Gegenstände müssen ausgetauscht werden.
- Zerknitterte Kleidung muss gebügelt werden.

Wenn Sie diese kleinen Aufgaben gelöst haben, machen Sie mit den größeren Sachen weiter:

- Streichen Sie die Wände neu. Es muss ja nicht in Aquamarin oder Kanariengelb sein. Es muss auch keine Farbe sein, die Ihrem Vermieter gefallen würde, aber nasser Putz und Nikotinflecken sehen einfach nicht gut aus.
- Stellen Sie Ihre Möbel um. Sie brauchen Ihre Videosammlung nicht zu verstecken und müssen Ihren

80-Zoll-Plasmafernseher auch nicht in die Abstellkammer stellen. Aber Ihre Freunde sollten Platz zum Sitzen haben. Der Fußboden ist keine Option.
- Kaufen Sie Vorhänge. Die können billig sein, aber Bettlaken und Handtücher sind nicht dafür gedacht, vor die Fenster gehängt zu werden.
- Und das Wichtigste: Wenn Sie Sachen haben, die Sie seit einem Monat nicht angesehen, seit drei Monaten nicht benutzt oder seit einem Jahr nicht mehr angefasst haben, schmeißen Sie sie raus. Das ist nicht so schwierig. Lesen Sie das Kapitel »Trennen Sie sich von ein paar Dingen« noch einmal durch, und entsorgen Sie das Zeug.

Sie sind klug, kreativ und fähig. Und Sie verdienen ein Zuhause, welches dies widerspiegelt. Es ist *einfach.* Tun Sie 's.

SCHALTEN SIE AM WOCHENENDE IHR HANDY AUS

Im Krieg Mensch gegen Maschine *verliert* der Mensch, aber Sie, lieber Leser, sind ein Gewinner. Ihr Fernseher ruht im Garten, und Ihr Computer ist nicht mehr ein Teil von Ihnen, sondern nur noch ein Accessoire.

Aber da gibt es noch eine Sache: Ihr Handy. Ihr Handy ist ein handliches Stück Voodoo-Zauber im Schokoriegelformat, das sich in Ihrer Tasche eingenistet hat, Ihren Schlaf stört und Sie an Ihren Job, an Versicherungsvertreter und an Verwandte kettet, die »einfach nur reden wollen«.

»Ach was, ich habe mein Leben *voll* unter Kontrolle«, behaupten Sie, aber das stimmt nicht. Sie können nicht kontrollieren, wer Zugang zu Ihnen hat und zu welchen Zeiten, denn Sie sind ein *Sklave* des kleinen, polierten Stücks Silizium mit Mikrochip, das da in Ihrer Tasche steckt. Ihr Telefon tut viel mehr als nur zu klingeln, wenn jemand mit Ihnen sprechen möchte. Es piept, wenn Sie eine SMS bekommen, summt, wenn Ihnen jemand einen Tweet schickt, brummt, wenn Sie eine E-Mail erhalten, es nimmt Fotos auf, dient als Gasdetektor, krault Ihnen den Rücken, wenn Sie müde sind, und mixt Ihnen eine Bloody Mary, wenn Sie Kopfschmerzen haben. Und weil das so ist, kommen Sie nicht ohne Handy aus, stimmt's? *Falsch.*

(Falls Sie sonst immer querlesen, lesen Sie den nächsten Abschnitt bitte komplett durch.)

Schalten Sie Ihr Handy am Wochenende aus. Denn

so sieht Ihr Wochenende aus, wenn Ihr Handy angeschaltet bleibt: *Sie wachen frühmorgens zu Vogelgezwitscher auf und stellen fest, dass Sie das Lammcurry und die Flasche Pinot Grigio am Abend zuvor gut vertragen haben. Sie haben einen klaren Kopf und den heimlichen Verdacht, dass dies ein* großartiger *Tag wird. Sie ziehen die Vorhänge zurück, und es stimmt: Der Tag wird* herrlich. *Sie versüßen sich den Morgen mit Musik, essen ein Frühstück aus makrobiotischem Müsli und Goji-Beeren und schlüpfen in Ihre Bermudashorts. Heute gehen Sie mit Ihrer Familie in den Park. Alle sind fertig angezogen, alle sind aufgeregt. Die Frisbeescheibe ist eingepackt, und Sie haben sogar kleine Häppchen vorbereitet, wie sie früher ihre Mutter machte. Auf dem Weg nach draußen schnappen Sie sich Ihr BlackBerry, sehen es rot blinken und schauen schnell nach, ob es etwas Wichtiges gibt.*

Stopp! Das ist keine gute Idee!

Abgesehen von verschiedenen Berichten aus der Buchhaltung, dem Gezeter eines unzufriedenen Kunden und Angeboten für eine Penisverlängerung ist da auch ein langes Schreiben von Ihrem Chef bezüglich Ihrer Deadline am Montagmorgen. Er ist überhaupt nicht zufrieden (in fetten Lettern) *mit dem Entwurf, den Sie Freitagnachmittag eingereicht haben. Sie* haben Mist gebaut, und wenn wir am Montag mit diesem Pitch ins Rennen gehen, können wir uns die Mühe sparen. *Ihr Boss will, dass Sie den Entwurf noch mal komplett überarbeiten und ihm bis Sonntagfrüh einen neuen vorlegen, andernfalls dreht er Ihnen den Hals um.*

Sie seufzen. Sie erklären Ihrer Familie, was passiert ist. Sie schicken Ihre (inzwischen heulenden) Kinder zusammen mit Ihrer Frau, die Ihnen androht, das ganze Wochenende nicht mit Ihnen zu sprechen, in den Park. Und während Ihr Mausarm immer schlimmer wird, verbringen Sie den Rest des Tages am Computer, nur damit Ihr Chef zufrieden ist. Der wiederum vergnügt sich auf dem Golfplatz und verschwendet nicht einen Gedanken an Sie. Dabei ist an Arbeit eigentlich nicht zu denken, weil Ihre Frau Ihnen alle 20 Minuten eine SMS schickt. Das lenkt ab. Sie schreibt Dinge wie »Ich kann nicht glauben, dass ich so einen rückgratlosen Versager geheiratet habe«, »Ich hätte Stefan heiraten sollen, wie meine Mutter es mir geraten hat« und »Willst du überhaupt, dass wir heute Abend nach Hause kommen, oder hast du so viel zu tun, dass wir dich nur stören würden?«.

Schnell ist der Abend da, und Sie haben nichts erreicht, außer dass Sie in einer akuten Existenzkrise stecken. Die Kinder und Ihre Frau sind ins Bett gegangen. Statt SMS zu schicken, straft Ihre Frau Sie jetzt mit absoluter Funkstille bis Montagfrüh. Sie seufzen zum 18. Mal an diesem Tag, schieben eine Tiefkühlpizza in den Ofen und machen sich ein Bier auf. Gerade, als Sie sich zum Essen hinsetzen, ruft Ihre Mutter an, die »nur ein bisschen plaudern« will. Als sie mit ihren Erzählungen über die Hämorrhoiden Ihres Vaters, Esthers Frostbeulen und Arthurs Hexenschuss fertig ist, ist Ihre Pizza kalt und Ihr Bier warm. Sie betrinken sich und wachen drei Stunden später, weinend und in Embryonalhaltung, auf. Am Sonntag fährt Ihre Frau mit den Kindern zu ihrer Mutter. Sie sind nicht eingeladen. Wegen eines lähmenden Katers und schnell schwindender Lebenslust sind Sie unfähig zu arbeiten.

Und jetzt vergleichen Sie dieses Szenario mit einem tollen Wochenende, an dem Ihr Handy ausgeschaltet in Ihrer Hosentasche versteckt war:

Sie wachen am Samstagfrüh zu Vogelgezwitscher auf. Die Vögel trällern nur für Sie und singen: »Jawohl, das wird ein verdammt toller *Tag!« Sie stellen fest, dass Sie das Lammcurry und die Flasche Pinot Grigio am Abend zuvor gut vertragen haben. Sie wecken die Kinder und kuscheln mit ihnen. Ihre Frau macht Ihnen Spiegeleier zum Frühstück, dazu einen Liter Kaffee und Toast.*

Sie schnappen sich Ihre Lieblingsbermudashorts, machen sich mit Ihrer Familie auf den Weg in den Park und denken nicht im Traum daran, Ihr Handy anzufassen. Der Park ist voller 19-Jähriger im Bikini, und während Ihre Frau neben Ihnen döst, beobachten Sie die Mädchen, ohne Böses im Sinn zu haben. Sie spielen drei Runden Minigolf, gönnen sich ein Bier und gehen anschließend nach Hause. Nachdem die Kinder im Bett sind, treiben Sie und Ihre Frau es auf dem Wohnzimmerteppich. Am Sonntag machen Sie genau das Gleiche.

Und hört sich dieses Wochenende nicht besser an?

(Übrigens entschuldigt sich Ihr Chef am Montag, als Sie ins Büro kommen, für seine Brandmail, die Sie noch gar nicht gelesen haben. Er hatte sich mit seiner Sekretärin gestritten und wollte nur seine Wut an jemandem auslassen. Ihr Entwurf war eigentlich ganz prima.)

Sind Sie jetzt überzeugt? Oder höre ich da immer noch Einwände?

Ah ja, da höre ich einen kleinen Einwand:

»Um mein Wochenende wirklich genießen zu können, muss ich mit meinen Freunden in Kontakt treten können – und umgekehrt genauso, oder? Was ist, wenn ich keinen Parkplatz finde und zu spät zum Mittagessen im Restaurant erscheine? Für solche Fälle brauche ich doch mein Handy, richtig?«

Falsch.

Wissen Sie noch, wie es vor 20 Jahren war, als niemand ein Handy hatte? Erinnern Sie sich noch daran, dass Sie damals Spaß hatten, Freunde getroffen und Dinge erledigt haben? Nun: **Das geht auch heute noch**.

Wir waren besser organisiert und effizienter, als Planänderungen in letzter Minute und Anrufe kurz vor knapp noch nicht möglich waren. Ihr Aktionsplan ist einfach, *leicht* und nicht drastisch: An diesem Wochenende bleibt Ihr Handy ausgeschaltet. Versuchen Sie es einfach. Es könnte Ihnen gefallen.

SCHLUSSBEMERKUNGEN

Während ich diesem Buch den letzten Schliff gebe, wird mir klar, dass ich noch ewig daran weiterschreiben könnte.

Die Regeln, wie man Dinge in den Griff bekommt, sind einfach, aber sie werden nicht angewendet. Ich sehe jeden Tag Menschen, die sich darüber ärgern, dass die Person vor ihnen auf dem Bürgersteig zu langsam geht. Ich sehe Paare, die über das Verhalten ihrer Freunde streiten. Ich sehe Menschen, die sich darüber Gedanken machen, ob ihre Schuhe zum Gürtel passen oder ob sie wegen der Unterredung, die sie am Morgen mit ihrem Chef hatten, jetzt ein halbes Jahr lang leiden werden. Ich sehe Menschen, die sich im Straßenverkehr aggressiv verhalten und die sich darüber aufregen, dass ihr Steak nicht so gebraten ist, wie sie es bestellt haben. Die Menschen sind in Eile. Die Menschen reden nicht miteinander. Die Menschen nehmen sich zu ernst.

Es gibt eine Menge Mist im Leben, über den Sie keinerlei Kontrolle haben. Sie können keine Verantwortung für Dinge übernehmen, die Sie nicht kontrollieren können. Also tun Sie es auch nicht. Lassen Sie es bleiben.

Konzentrieren Sie sich darauf, Verantwortung für sich selbst zu übernehmen, und vergessen Sie den Rest.

Sie haben Ihr Leben im Griff. Sie haben es voll drauf!

DANK

Ich danke Clare Christian, die mich aus der leicht miefigen Ecke des Internets herausgeholt hat, in der ich gehaust habe, und die letztlich für all das hier verantwortlich ist. Ebenso geht mein Dank an Lewis Crofts, der mir gezeigt hat, dass das Schreiben eines Buchs einem viel leichter von der Hand geht, wenn man unter der Woche keinen Alkohol trinkt. Naomi Dunford war für mich eine echte Motivationsquelle, und ich widme ihr jedes Semikolon in diesem Buch. John Hargreaves hat mir Lesen und Schreiben beigebracht und dafür gesorgt, dass ich das alles sehr aufregend fand. Als Liebhaber guter Literatur wird er auf diesen Seiten aber wenig für ihn Sinnvolles finden. Sonia Simone, Chris Brogan, Darren Rowse und Brian Clark haben mir mit ihrer Website *Third Tribe*, die auf einmalige Art für Ablenkung sorgt und ziemlich lustig ist, eine Diskussionsplattform und eine Quelle der Inspiration geboten. Michael Port hat mich, ohne dass er davon gewusst hätte, dazu ermutigt, in großen Dimensionen zu denken und meine kurzen, bissigen Blog-Posts – die er, da bin ich sicher, nie gelesen hat und auch nicht gutheißen würde – in etwas umzuwandeln, das länger und informativer ist (und wahrscheinlich ziemlich weitschweifig). Will Gilroy ist verantwortlich für den respektlosen Ton. Erica Swanson schrieb den ersten Entwurf des Kapitels »Sorgen Sie in Ihrem Zuhause für Ordnung« und ist in der einmaligen Lage, genau dabei helfen zu können. Die geheimnisvolle Sasha und ihr GirlPie zählen aus unerfindlichen Gründen zu meinen Unterstützern, und ich bin dankbar für dieses Engagement und die Ermunterung. Nina Lamparski hat dafür gesorgt, dass ich wieder mit dem Schreiben angefangen habe, bevor sie ans andere Ende der Welt entschwunden ist, um Menschen zu unterstützen, die ihre Hilfe brauchen. Pamela Slim hat mir mit einem überraschenden Kompliment das entscheidende Quäntchen Energie gegeben, um das Buch fertigzustellen. Caroline Smailes hat mir genau zum richtigen Zeitpunkt einige sehr weise Ratschläge erteilt. Zoe McCarthy hat mir Hilfestellung angeboten und mich mit ihrer Klugheit unterstützt. Emma Beddington hat mich gebeten, sie anzuschreien. Jonathan Fields hat mir vorgeschlagen, spazieren zu gehen, um einen klaren Kopf zu bekommen. Dirk De Bruin hat mir Geld geschickt, damit ich mich mit Kaffee eindecken konnte. Von der wundervollen Havi Brooks habe ich mir das Wort »Festgefahrenseinsbefreier« geklaut. Imke Andert hat mir erlaubt, ihr Haus zu benutzen und ihren Kaffee zu trinken. Das Team von AdLib und John Blake haben mich ermutigt und nicht nur durch ihr Fachwissen unterstützt. Mein besonderer Dank geht an all die unglaublich cleveren und ausgesprochen attraktiven Leser des Blogs.

Und das größte Dankeschön von allen geht an Gayle, dafür, dass sie es mit mir aushält.

Du bist echt cool. X

REGISTER

U

V

W

Z